JN023869

中級フランス語

あらわす文法

東郷雄二 Togo Yuji

白水社

装丁　　　　　森デザイン室
本文レイアウト　山崎弓枝
本文イラスト　　石原昭男

はじめに

　この本はフランス語の初級文法をひと通り学んだ人を対象にしています。めんどうな動詞の活用形も辞書を頼れば何とかなり、ある程度の数の単語も覚え、かんたんな文ならフランス語で作れるという段階です。この段階にいる人が次に進むべき道とは何でしょうか。一念発起してフランスに行き長期間滞在して、言語シャワーを浴びるというのもひとつの手です。しかしこれは誰にでもできることではありません。日本にいながらできることは、学んだことをこれとは別の方法で身体化することです。

　多くの人にとって外国語の文法は、覚えなくてはならない規則の体系でしょう。これは 20 世紀前半の近代言語学の考え方でもありました。しかしこの考え方はまちがっていると思います。文法とは規則の体系ではありません。文法を学ぶことは言語による意味の切り取り方を学ぶことです。たとえば数えられない名詞には du vin「ワイン」のように部分冠詞がつくことはご存じでしょう。しかし自転車のように一台二台と数えられる名詞にも、faire de la bicyclette「サイクリングをする」のように部分冠詞がつくことがあります。しかし、この場合の部分冠詞は自転車の「部分」を表しているのではなく、自転車を使って行う活動を意味します。確かに活動は数えることはできません。部分冠詞による意味の切り取り方が、部分から活動へと拡張しているのです。

　この本を読んだ方は、無味乾燥な規則の体系にしか見えなかった文法の背後に、私たちを取り巻く意味の世界を切り分け、それを聞き手に伝えるためのしくみが隠れていることに気づくことでしょう。どこかの章を読んで「あっ、そうなのか」と膝を打ったらしめたものです。その瞬間にフランス語のしくみのひとつがあなたの身体の中に染み込んだのです。次はそのしくみを自分で使うことができるでしょう。

2011 年 3 月　　著者

目　次

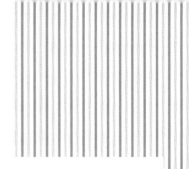

1章
モノとコトをあらわす：冠詞と名詞のはたらき

文法で最初に名詞と冠詞を習いますが、そもそも冠詞は何の役に立っているのでしょうか。日本語には冠詞がないので、冠詞のはたらきは文法でもわかりにくいものの代表と言ってもよいでしょう。この章では冠詞のはたらきを認知機能と談話機能の二つの面から考えます。認知機能は名詞の可算・非可算の区別に、談話機能は定・不定のちがいに関係します。認知機能から見た冠詞は、私たちが物事をどのように捉えているかを表しています。談話機能から見た冠詞は、聞き手が名詞の表す指示対象にどのようにアクセスできるかを表しています。冠詞のわかりにくさは認知機能と談話機能が冠詞のなかでからみあって働いているところにあると言えるでしょう。この二つの機能をていねいに解きほどくと、冠詞のはたらきが見えてきます。

1課　パンはどこにある？

— 冠詞は何の役に立つのか

||||||||||||||||||||||||||||||||||||||||||

[問題]　（　　　）に適切な冠詞を入れてみましょう。

1) J'ai acheté（　　　）pain et（　　　）croissants à la boulangerie.

私はパン屋でパンとクロワッサンを買いました。

2) Mais où est（　　　）pain ?　［テーブルの上を見ながら］パンはどこですか。

3) J'adore（　　　）pain.　私はパンが大好きです。

　　正解は 1) du, des　2) le　3) le です。1) では pain には部分冠詞 du が、croissants には不定冠詞複数形の des が付きます。ちなみにフランスパンの代表格のバゲット（baguette）の 2 倍の量の製品を特に pain と呼びますので、その意味で使っているときは 1) で un pain も可能です。ところがどうして 2) や 3) では同じ pain という単語に定冠詞が付くのでしょうか。

　　フランス語の文法を学ぶとき、最初に不定冠詞と定冠詞と部分冠詞があることを教わります。ところが冠詞が何の役に立つのかを教わることはほとんどありません。日本語には冠詞がないこともあって、冠詞の用法は外国語を学ぶ人の苦手項目の筆頭格のようです。

　　ここで一つ問題を出してみましょう。何でもいいのですが、フランス語の文章の中の冠詞を全部修正液で塗りつぶして、フランス人に元の冠詞を復元するように頼むとします。するとフランス人は元の冠詞を全部復元できるでしょうか。私が学生にこの質問をすると、答えはいつも「できる」と「できない」に分かれます。しかし正解は「できない」です。フランス人にとってフランス語は母語なのだから、冠詞の使い方に苦労する私たち日本人とはちがって、そんなことはかんたんだと思われるかもしれません。しかしそうではないのです。もし元の冠詞を完全に復元できるとしたら、冠詞は何の機能も果たしていないことになってしまうからです。

　例を挙げてこのことを説明しましょう。フランス語の綴字 q は、cinq「5」のような単語の終わりを除けば、quai「桟橋」、banquet「宴会」、marquis「侯爵」のように、次に必ず u の文字が付きます。つまり q があれば次に u が来ることは完全に予測可能です。ですからたとえ u を全部消しても復元できます。明日から綴り字を変更して u を書かないことにして、上の単語を qai、banqet、marqis と書いても何の不都合もありません。復元可能ということは、その記号は実は何の機能も果たしていないということなのです。ですからもし消した冠詞を全部復元することができたら、冠詞には機能がないということになるのです。

　ではなぜ冠詞は必要なのでしょうか。かんたんに言うと次のようになります。辞書に載っている裸の名詞は、意味はあっても「絵に描いた餅」状態で、現実の事物をさすことができません。砂漠で喉が渇いて死にそうになり、Eau !「水」と叫んでも誰も水をくれません。*De l'*eau ! と部分冠詞を付けて初めて、あなたが欲しがっている水をさすことができます。冠詞はこのように、「絵に描いた餅」を実際に食べることのできる現実の餅に変える働きがあるのです。この働きを言語学では**現働化**（actualisation）と呼び、なかでも冠詞の行なう名詞に量を与える働きを特に**量化**（quantification）と呼んでいます。ただし、量化は冠詞だけが行なうものではなく、*tout* homme「あらゆる人」、*chaque* maison「それぞれの家」、*un peu de* vin「少しのワイン」のように、数や量を表す他の語句もその一翼を担っています。これらはまとめて**限定詞**（déterminants）と呼ばれています。

　では冒頭の問題で pain に部分冠詞が付いたり定冠詞が付いたりするのはどうしてなのでしょうか。まず 1) で pain に部分冠詞が付き、3) で定冠詞が付いている理由は動詞のちがいにあります。1) の動詞 acheter「買う」は時間と空間に束縛された具体的行為を表します。私たちはある時、ある場所でパンを買います。その時買うパンは量が限られており、バゲット 1 本とか半分とかでしょう。このように量が限定されたとき、非可算名詞には部分冠詞を使わなくてはなりません（可算名詞だと J'ai acheté *un* livre /

des livres.「私は本を買った」のように不定冠詞になります）。ところが 3)
の動詞 adorer「大好きである」は時間と空間に束縛された行為を表しては
いません。もし私がパンが好きならば、いつでも好きでありどこにいても
好きです。このように動詞の表す事態が時間と空間に束縛されていない
とき、パンの量は関係がありません。「私はパンが好きだ」というときは、
特定のパンやある量のパンが好きなのではなく、この世に存在するパンと
いうものすべてが好きなのです。「この世に存在するすべて」を表す意味
を総称といい、可算名詞では定冠詞複数形を（J'aime *les* livres. 私は本が好
きだ）、非可算名詞では le pain のように単数形を使います。したがって 1)
と 3)の冠詞のちがいは、動詞の表す事態が時空間的に束縛されているかい
ないかが決めていて、それに応じて異なる量化が行われているのです。

　一方 1)と 2)の冠詞のちがいは別の理由によります。2)の「パンはどこ
ですか?」という質問は、「食卓にはパンが置いてある」という前提を基
盤としています。このとき le pain の定冠詞 le は、「当然存在する」とい
う前提を表現しているのです。レストランでトイレの場所をたずねるとき、
Où sont *les* toilettes ? と toilettes に定冠詞が付くのも同じ理由からです。

　さて、一般に初出の名詞には不定冠詞を、二度目に出てきた名詞には定
冠詞を付けると言われています。

**4) Il était une fois *un vieil homme* et *une vieille femme. Le vieil homme*
alla faire des fagots à la montagne et *la vieille femme* alla faire la
lessive à la rivière.**

　　昔々ある所におじいさんとおばあさんが住んでいました。おじいさんは山へ芝刈りに、
　　おばあさんは川へ洗濯に行きました。

　二度目に言及されたとき定冠詞が付くのは、一つ目の文によっておじい
さんとおばあさんに物語の中で存在前提を与えられたからです。

　さて一方、最初の問題の 1)ではこのような存在前提を匂わせるものは
文脈上何もありません。このため pain と croissants は初出名詞と見なすの
が最も自然です。pain は非可算名詞ですから部分冠詞が、croissants は可

算名詞ですので不定冠詞が付きます。しかしここまでの話からわかるように、パンとクロワッサンがすでに話題になっていたら存在前提を与えられることになりますので、le pain / les croissants のように定冠詞が付きます。

　ここまでをまとめると、冠詞の使い分けには少なくとも次の三つの要因が関係していることがわかりました。

(A) 可算名詞か非可算名詞か：可算なら不定冠詞、非可算なら部分冠詞

(B) 動詞の表す事態が時空間に束縛されているか：束縛されていたら部分冠詞（非可算）・不定冠詞（可算）、いなければ定冠詞

(C) 存在前提を持っているか：持っていなければ部分冠詞（非可算）・不定冠詞（可算）、持っていれば定冠詞

逆に言うと、フランス語の冠詞は (A)(B)(C) のすべての意味を聞き手に伝える働きをしていることになります。しかし「意味」といっても chien の意味は「犬」だというような具体的な事物をさす意味とは異なり、量化というかなり抽象的な操作や、存在前提の有無といった談話の組み立てに関わるような意味です。冠詞の伝える意味がこのような捉えにくい種類のものだということが、冠詞のわかりにくさの大きな原因なのでしょう。

　上にまとめた冠詞の使い分けを決める要因 (A)(B)(C) で大事な点が一つあります。可算名詞か非可算名詞かで決まるのは (A) のレベルで、ここで不定冠詞と部分冠詞の使い分けが選択されます。ところが (B)(C) ではこれに加えて新たに定冠詞が登場します。なぜ (A) には定冠詞が出て来ないのでしょうか。言いかえると、どうして可算名詞用の定冠詞と非可算名詞用の定冠詞の区別がないのでしょうか。また (B) で動詞の表す事態が時空間的に束縛されていないときや、(C) で存在前提があるときには、可算・非可算の区別が消えてしまって、両方とも定冠詞になるのはなぜなのでしょうか。私はここに冠詞の秘密が潜んでいると考えています。その秘密とは、冠詞には実は二つの異なるレベルの機能が重ねられているということです。第一のレベルには可算と非可算の区別が関係し、第二のレベルには不定と定の区別が関係します。詳しくは次の課で解説することにしましょう。

2課　冠詞の二つの働き
― 意味を区切り、談話を組み立てる

▮▮▮▮▮▮▮▮▮▮▮▮▮▮▮▮▮▮▮▮

問題　（　　）に適切な冠詞を入れてみましょう。

1）Paul a （　　） vélo super.　ポールはすてきな自転車を持っています。

2）J'aime bien faire （　　） vélo.　私はサイクリングが好きです。

3）J'ai acheté （　　） fromage et （　　） œufs. （　　） fromage était bien fait.　私はチーズと卵を買いました。チーズはよく熟成していました。

　正解は 1) un　2) du　3) du, des, Le です。自転車は 1 台 2 台と数えられる可算名詞ですから、1) に不定冠詞 un が付くのはわかります。でも 2) で部分冠詞 du が付くのはなぜでしょう。自転車の「部分」、たとえばハンドルだけということはありえませんね。3) では非可算名詞の fromage 「チーズ」には部分冠詞 du が、可算名詞の œufs 「卵」には不定冠詞複数形の des が付きます。ところが二つ目の文では fromage の冠詞が定冠詞に変わるのはどうしてでしょう。これらの問に答えるには、冠詞には二つの機能が重ねられていることを理解する必要があります。

　フランス語文法では、冠詞には不定冠詞・定冠詞・部分冠詞があると教えています。しかし私はこれが誤解の元だと常々考えているのです。部分冠詞と呼ばれているのは、実は非可算名詞用の不定冠詞に他なりません。ですからまず不定冠詞・定冠詞の区別があり、不定冠詞の中で可算名詞用の un / une / des と非可算名詞用の du / de la があると考えた方がよいのです。表にすると右のようになります。

　この表は、un /une 対 du /de la の可算・非可算の対立を縦軸で、un /une 対 le / la の不定・定の対立を横軸で表しています。そしてこの二つの軸は、冠詞の

		不定		定	
		単数	複数	単数	複数
可算	男性	un	des	le	les
	女性	une		la	
非可算	男性	du		le	
	女性	de la		la	

異なる二つの機能に対応しているのです。ここでは可算・非可算の区別の軸を冠詞の**認知機能**、不定・定の区別の軸を**談話機能**と呼んでおきましょう。

　冠詞の認知機能は、私たちが事物をどのように捉えるかということに関係します。少し難しく言うと事物の**カテゴリー化**です。フランス語では事物を数えられるものと数えられないものに大きく分けます。人間は1人2人、本は1冊2冊と数えられますので、*un* homme、*un* livre と不定冠詞が付き、*des* hommes、*des* livres と複数にすることができます。一方、パンや肉などのいわゆる物質名詞は数えられないので、*du* pain、*de la* viande と部分冠詞が付きます。抽象名詞は数えられないものに入り、Il a *du* courage.「あの人には勇気がある」のように部分冠詞が付きます。（ここで解説しているのは原則で、もっと複雑なケースは後の課で説明します）。

　可算・非可算による事物のカテゴリー化は、意味の切り分けに大きな役割を果たしています。Ce paysan a 50 *bœufs*.「この農民は牛を50頭飼っている」と言うとき、名詞の bœuf は可算扱いで生きている牛を意味しますが、J'ai mangé *du bœuf* de Kobe.「私は神戸牛を食べた」では、bœuf は非可算扱いで「牛肉」を意味します。同じ名詞 bœuf が可算にカテゴリー化されると牛で、非可算にカテゴリー化されると牛肉になるわけです。アメリカのグリースンという言語学者はこのことを示すためにおもしろい例文を考案しました。

4）**Johnny is very choosy about food. He will eat *book*, but he won't touch *shelf*.**

　　　ジョニーはとても食べ物にうるさい。本は食べるけれど本棚には手をつけない。

　ジョニー君は人間ではなくシロアリという設定です。ふつうは a book、a shelf と不定冠詞が付く名詞が無冠詞になっていることに注意してください。英語では非可算名詞は無冠詞になります。ジョニー君はシロアリですから、人間とは事物の捉え方がちがいます。本も本棚も食べ物と捉えているので、ジョニー君の目から見れば物質名詞化されて非可算になるのです。

　可算・非可算というカテゴリー化は、「物」と「物を使った活動」とい

う意味を生み出します。un vélo「自転車」は可算ですが、faire *du* vélo「サイクリングをする」では「自転車を使った活動」なので部分冠詞が付いているのです。faire *du* cheval「乗馬をする」、faire *de la* voile「ヨット遊びをする」なども同じです。最初にあげた表の縦の軸はこのように私たちが事物をどのように捉えているかという認識を反映して、意味の切り分けを担っているのです。冠詞の認知機能と呼ぶ理由がここにあります。

　では表の横軸の談話機能とはどのようなものでしょうか。ここで問題になるのは不定と定の区別です。J'ai acheté un vélo.「私は自転車を買いました」と言うとき、un vélo「自転車」は談話に初めて登場するものですから、どの自転車かはまだわからないので不定冠詞を付けなくてはなりません。買ったのは私なのだから私にはどの自転車かわかっているという理屈は成り立ちません。名詞の不定・定の区別は聞き手に配慮するものですから、聞き手にわからないという点が重要なのです。そして前の課でも昔話の例で示したことですが、二度目に自転車を話題にするときには定冠詞が付きます。

5）**J'ai acheté *un vélo*, mais tout de suite après je me suis cassé la jambe. Alors, *le vélo* est toujours neuf.**

私は自転車を買ったが、その直後に足を骨折した。だから自転車はまだ新品のままだ。

　このとき定冠詞は、聞き手にとってどれをさしているのかがわかっているということを表す記号です。注意しなくてはならないのは、この冠詞の談話機能では可算・非可算の区別は関係なくなることです。可算の本 un livre であろうと、非可算のチーズ du fromage であろうと、一度話題になった段階ですでに数量は決まっています。ですから二度目からは改めて数量を言う必要はなく、le livre「その本」（複数なら les livres「それらの本」）、le fromage「そのチーズ」のように、数量の決まった事物全体をさせばどれだかわかります。定冠詞に可算・非可算の区別がないのはこのような理由によるのです。不定冠詞は部分冠詞と対になることで意味の切り分けを担う冠詞の認知機能を果たしますが、定冠詞は認知機能に関わりま

せん。定冠詞は不定冠詞・部分冠詞と対立することで、どれをさしているかを聞き手に伝える談話機能を担っているのです。

　さてここで不思議に思った人がいるかもしれません。1課の問題（p.8）の 3) J'adore le pain.「私はパンが大好きです」では、パンは初めて話題になったものなのに定冠詞が付いています。このような例はいくらでもあげることができます。

6) *Le soleil* **se lève à l'est.**　太陽は東から昇る。

7) Marche sur *le trottoir.*　歩道を歩きなさい。

8) *Le feu* **est au rouge.**　信号が赤だ。

　「2 度目からは定冠詞」という原則はまちがいで、これらの例の定冠詞は談話機能に関係ないのでしょうか。そんなことはありません。これらの例の定冠詞も立派に談話機能を果たしています。定冠詞は聞き手にたいしてどれだかわかっているはずだという情報を伝えます。6) の le soleil は一つしか存在しないものですからどれだかわかります。le trottoir は今歩いている道路の歩道をさしています。8) も同じように横断しようとしている道路の反対側にある信号機であることは自明です。いずれも世界全体とか話し手がいる現場で存在前提を持っています。ですから今さら「この世界には太陽が一つあるんだけど」と断る必要はありません。le soleil と言えばいつも見ているあの太陽をさすことは誰にでもわかります。J'adore *le* pain.「私はパンが大好きです」のような総称の場合も、「この世に存在するパンというもの」は誰でも知っていますから存在前提があると言えます。定冠詞の談話機能は聞き手に存在前提を伝達するということですので、「2 度目の言及からは定冠詞」というのはその一つの特殊なケースにすぎないのです。

　冠詞にはこのように、可算・非可算のカテゴリー化に基づいて量化を行なう認知機能と、存在前提を伝達する談話機能が重ね合わされているということが、冠詞のわかりにくさの大きな原因なのです。この関係をよく理解することが冠詞をマスターする鍵と言えるでしょう。

3課　コトバは意味をどのように区切るか
— 冠詞の認知機能

━━━━━━━━━━━━━━━━━━━━━━━━━━━━

問題　イタリックの単語になぜその冠詞が付くのか考えてみましょう。

1）*Les vins* de France sont appréciés dans le monde entier.

　　フランスのワインは世界中で高く評価されている。

2）J'ai *de la famille* en Angleterre.　私はイギリスに家族がいる。

3）*les eaux* et les forêts　河川と森林

　vin「ワイン」は液体で非可算名詞ですから、ふつう複数形にはならないのですが、1）では複数になっています。famille「家族」は数えられるので可算名詞のはずですが、2）では部分冠詞が付いています。eau「水」も非可算のはずが3）では複数になっていますね。これはなぜかというのがこの課のテーマです。

　可算と非可算の区別は、モノの輪郭と境界線がはっきりしているかどうかで決まります。これを言語学では有界性（英語で boundedness）といいます。たとえば une table「テーブル」だと、ここからここまでがテーブルというように輪郭がはっきりしています。ところが de l'eau「水」は輪郭がなく変幻自在に形を変えます。du riz「米」や du sable「砂」も粒はあるものの、液体のように流動的ですから有界性が認められません。du gaz「ガス」のような気体、du soleil「日光」のような光線、de l'amitié「友情」のような抽象名詞も有界性がなく、非可算名詞として扱われます。2課（p.13）でシロアリのジョニー君の目から見れば本も本棚も食べ物なので、物質名詞化して非可算的に扱われるということを見ました。しかしシロアリの立場に立たなくても、実は私たちは日常的に同じことをしているのです。

　上の問題1）で les vins「ワイン」が複数になり可算化しているのは、「種類の複数性」の観点からワインが捉えられているからです。ワインに

16

は赤ワインも白ワインもあれば、ボルドー産のワインもブルゴーニュ産の
ワインもあります。それらはそれぞれちがった種類のワインです。このよ
うに種類という観点からものを捉えると可算化して複数になります。les
fromages de France「フランス産のチーズ」、les bières belges「ベルギー
のビール」なども同じです。また国名には la France「フランス」のよう
に定冠詞が付きますが、une France du XVIIIᵉ siècle「18 世紀のフランス」
のように、フランスの特定の側面を限定する表現が付くと、とたんにフラ
ンスも複数化して不定冠詞を取るようになります。Petrus est un vin très
apprécié.「ペトリュスはとても評価の高いワインだ」では un vin「ワイ
ン」に不定冠詞が付いていますが、これも同じ理由からです。

　問題 2) の famille「家族」は、家族単位で 1 家族、2 家族と数えるとき
は確かに可算名詞です。しかし家族は何人かの人間で構成されているもの
ですから、家族のうちの何人かというように構成メンバーを問題にする
と、家族の一部という捉え方が可能になります。このとき de la famille と
部分冠詞が付くのです。

　問題 3) の eau「水」もふつうは有界性がなく非可算扱いされます。と
ころが水が地表に溜まった池・沼・湖では輪郭がはっきりしており、川も
形が決まっているため有界性が生まれて les eaux「河川」のように可算化
し、複数にすることができるようになります。

　これらの例では、同じ事物を別の観点や別の角度から捉えたために、有
界性が生まれたり逆に有界性を失ったりしています。ですから私たちはシ
ロアリのジョニー君と同じことを日常的にしていることになります。

　捉え方のちがいによって有界性のちがいが出る例をもう少し見てみま
しょう。le soleil「太陽」はふつう定冠詞を取りますが、du soleil と部
分冠詞が付いて非可算化されると「日光」を意味します。また du papier
「紙」は非可算ですが、可算化され les papiers「書類、身分証明書」にな
ります。le (du) temps「時間」にも有界性がなく非可算ですが、les temps
は「時代」を意味し、les temps modernes「近代」のように特定の時代をさ

します。le verre「ガラス」は非可算ですが、*un* verre「コップ」は可算です。このように部分冠詞を取る物質名詞に特定の形状を与えて有界性を生み出すと、可算化して不定冠詞を取るようになるのです。「コーヒーを飲む」boire *du* café では液体であるコーヒーに部分冠詞が付きますが、喫茶店で注文するときは *Un* café, s'il vous plaît.「コーヒーひとつお願いします」と言います。この場合も「コーヒー 1 人前」と輪郭が与えられて可算化しているのです（ただしこの場合の un は不定冠詞ではなく数詞です）。

ここで抽象名詞のケースを見てみましょう。「愛」や「自由」のような抽象的概念はもともと形がなく有界性をイメージできませんので、非可算として扱われます。このため *L*'amour est aveugle.「恋は盲目だ」のように定冠詞が付くか、J'éprouve *de l*'amour pour lui.「私は彼に愛情を覚える」ように部分冠詞が付きます。ただし物質名詞の場合と同様に、C'est *un* amour éternel.「これは永遠に続く愛だ」のように形容詞などが付いて種類が問題にされるときには不定冠詞を取ります。では次の例はどうでしょうか。

4）**Défaut professionnel d'enseignant du français, je relève malgré moi toutes les fautes de grammaire, *les impropriétés* de mot, *les absurdités*.**

> フランス語教師の職業的欠点だが、私は文法の誤りや言葉の不適切な使い方やまちがった使い方を、心ならずも指摘してしまうのである。

impropriété は「不適切さ」を意味する抽象名詞で、absurdité は「不合理さ」という意味の抽象名詞です。ここで働いているのは抽象名詞の複数形は具体例を表すという原則なのです。la profondeur は「深さ」ですが les profondeurs は「深海」、la pourriture は「腐敗」で les pourritures は「腐ったもの」、la solitude は「孤独」で les solitudes は「人里離れた淋しい場所」を意味します。ですから例 4）の les impropriétés は「不適切さ」という抽象的な意味を表しているのではなく、「言葉の不適切な使用例」という具体的事例を表しています。同様に les absurdités も「不合理さ」ではなく「理屈に合わない事例」を意味します。

5）*Les lenteurs* de l'administration m'énervent.

　お役所仕事ののろいことにはいらいらする。

6）Cette société a *des difficultés* financières.

　この会社は経営困難に陥っている。

　日本語訳に反映させるのは難しいですが、5）の les lenteurs は抽象名詞の「のろさ」ではなく、のろのろと行われる具体的事例をさしています。6）も「財政上の問題」ではなく、資金繰りがつかないという出来事の繰り返しを意味しています。ここには「何度も繰り返される事例」というニュアンスも潜んでいますね。このために、J'ai mal à la tête.「私は頭が痛い」に対して、J'ai des maux de tête.「私は頭痛持ちだ」のように、mal「痛み」が複数化されることで習慣的意味が前面に出ることがあります。

　では次の例はどうでしょうか。

7）Il y a *du saumon* dans cette rivière.　この川には鮭がいる。

8）Ça, c'est *de la* voiture.　これこそほんとうの車というものだ。

　un bœuf は生きている 1 頭の牛で *du* bœuf は牛肉という図式を当てはめると、7）では鮭の切り身が泳いでいると取られかねませんが、もちろんそんなことはありません。魚種としての le saumon「鮭」を構成する成員である何十尾の鮭が川にいるのです。ここでは le がカテゴリー全体を、du がその部分を表しています。8）では voiture「自動車」に部分冠詞が付いています。faire de la voiture「ドライブをする」のように、可算的な物を非可算化して活動を表す例は前にも見ましたが、8）はそれとはちがう用法です。この用法の基盤となっているのは、Pierre, c'est *l'*homme.「ピエールはほんとうの男だ」のように、定冠詞単数で典型的事例、つまり「男のなかの男」のようにそのカテゴリーを代表する例をさす使い方です。ですから C'est la voiture. でも「車のなかの車」を意味するのですが、目の前にある車はその典型例のひとつの具体的事例として捉えられており、鮭の例で le が全体を、du が部分を示したのと同様に、la が典型例を、de la が具体的事例を示しているのです。

4課　定と不定はどのように決まるか

— 冠詞の談話機能

|||||||||||||||||||||||||||||||

問題　（　　）に適切な冠詞を入れてみましょう。

1）**Qu'est-ce que c'est ? — C'est（　　）confiture de coing.**
「これは何ですか」「それはマルメロのジャムです」

2）**Attention à（　　）voiture !**　自動車に気をつけて。

3）**Elle a fermé（　　）yeux.**　彼女は目を閉じた。

　正解は 1）de la　2）la　3）les です。1）では「これは何ですか」という質問の答えですから、「マルメロのジャム」は初めて話題にするもので、まだ聞き手にとってどれをさすのかがわかっていませんから、非可算名詞用の不定冠詞である部分冠詞を付けます。このことは 2 課（p.12）ですでに見たところです。しかし 2）や 3）の自動車や目は初めて話題にするものなのに、どうして定冠詞が付くのでしょうか。

　かんたんに言うと、定冠詞はどれのことをさしているのかが聞き手にわかっているということを伝える記号です。2）では自動車にぶつかりそうになっている人に警告を発しているので、どの自動車かはその場の状況からわかります。また 3）では彼女が閉じたのは自分の目ですから、これもどの目かは明らかです。ですからこのようなケースでは、初めて話題にするものにも定冠詞が付くのです。

　ではどのような場合にどれをさしているかが聞き手にわかると見なされるのでしょうか。いちばん単純なケースは世の中に一つしかないものの場合です。*la* France「フランス」、*la* tour Eiffel「エッフェル塔」、*le* soleil「太陽」、*le* français「フランス語」などがこれに当たります。この定冠詞を支えているのは、「この世にはフランスという国が一つ存在する」という私たちみんなが共有している知識です。*le* lion「ライオン」、*le* fer「鉄」、*la*

20

rose「バラ」のように、総称的に種や類をさすときにも定冠詞が使われますが、この定冠詞も私たちの共有する知識に基づいていると考えられます。

　次に何かとの関係で一つに決まる場合があります。*la* semaine dernière「先週」、*l'*année prochaine「来年」などは、話している現在との関係で一つに決まります。*le* jour de notre mariage「私たちが結婚した日」、*le* mari de Claire「クレールの夫」、*le* nord de Paris「パリの北」では、結婚などの出来事や家族関係や地理的関係によってどれかがわかります。*le* plus long fleuve du monde「世界でいちばん長い川」のように形容詞の最上級には定冠詞が付きますが、これも同じように関係に基づいて一つに決まる例と見なすことができるでしょう。しかしこの「何かとの関係」はいつでも表現されるとは限りません。会社の受付で J'ai rendez-vous avec *le* directeur de vente.「私は営業部長さんと面会の約束があります」と言うときは、*le* directeur de vente（de cette société）「（この会社の）営業部長」ですから、関係の基点となっている「この会社の」は自明なので省略されています。Papa est dans *la* cuisine.「お父さんは台所にいる」も同じで、お父さんがいるのは隣の家の台所ではなく我が家の台所です。このように定冠詞がどれをさすのかを決める鍵が自明な場合は省略されるのがふつうです。

　次に、話している現場にあるのでどれをさしているのかわかる場合ですが、これは冒頭の問題 2）の Attention à *la* voiture ! ですでに見たケースです。Ferme *la* porte.「ドアを閉めなさい」、Marche sur *le* trottoir.「歩道を歩きなさい」のように命令形でよく出て来るのが特徴ですが、Le feu est au rouge.「信号が赤だ」のように命令形以外でも使われることがあります。

　ここまでは定冠詞はどれのことをさしているのかが聞き手にわかるということを伝える記号だとし、知識や関係によってさしているものが一つに決まるケースを見て来ました。では次の例はどう考えればよいでしょうか。

4）Pour monter au 4ᵉ étage, prenez *l'*ascenseur.

　　5 階に行くにはエレベーターに乗ってください。

5）Tu es enrhumé ? Tu dois aller voir *le* médecin.

　　君はカゼを引いているのかい。医者に行かなくては。

6）Anne va à *l'*église tous les dimanches.　アンヌは毎週日曜に教会に行く。

　4）はエレベーターが何基もある大きなデパートでも言えます。5）は医者が何人もいる町でもいいですし、かかりつけの医者が決まっていない場合でもこのように言います。6）も同じく教会がいくつもある町でもこう言ってかまいません。この例では定冠詞のさしているものが一つに決まりません。それでもよいのでしょうか。

　実はここが融通の利かないコンピュータとちがって、私たち人間の話す言語のおもしろいところです。4）では5階に行くのにどのエレベーターに乗ってもかまいません。5）ではとにかく医者に行けと言っているので、どの医者かは重要ではありません。6）も同じですね。このようにどれでもかまわないときにも定冠詞は使えるのです。しかし条件があります。例えば何基もあるエレベーターの1基が故障して修理しなくてはならないというときには、Il faut réparer l'ascenseur No.3.「3番エレベーターを修理しなくてはならない」のように、どれかを特定する必要があります。prendre l'ascenseur「エレベーターに乗る」、aller voir le médecin「医者に行く」、aller à l'église「教会に行く」のように、私たちが日常行なっているふつうのことをするときに限って、一つに決まらない定冠詞が使えるのです。「エレベーターを修理する」は特殊な事態ですので、どれなのかが重要な情報になります。では次の例はどうでしょうか。

7）Il faut faire réparer ma voiture. *Le* carburateur ne marche pas bien.

　　車を修理に出さなくては。キャブレターの調子が悪いんだ。

　le carburateur はもちろん私の車のキャブレターですので一つに決まります。言語学で**連想照応**と呼ばれるこの用法では、ma voiture と le carburateur の間に「全体」と「部分」の関係が成り立っていて、そのときに限り定冠詞が使えます。より正確に言うとこの場合は定冠詞しか使えません。「全体」と「部分」の関係を支えているのは、認知心理学でフ

レームと呼ばれている概念です。フレームとはある一つのまとまりを成す知識の集合のことです。例えば「クリスマス」と言えば、「クリスマスツリー」「クリスマスケーキ」「サンタクロース」「プレゼント」「トナカイ」などが連想されますが、これらは「クリスマス」というフレーム知識を構成しています。フレームが話題にされると、そのフレーム内に含まれている事物はどれだかわかっているもの扱いされて定冠詞を取ります。「自動車」のフレームには、「キャブレター」「ハンドル」「タイヤ」「ワイパー」などが含まれています。ですから7）ではキャブレターは初出名詞であるにもかかわらず定冠詞を取るのです。1課冒頭 (p.8) の問題2) の Mais où est *le* pain？「パンはどこにあるの」という例も、実は「食卓」というフレームに支えられた定冠詞でした。食卓にはふつう「パン」「塩」「バター」などがあるものです。ですから同じ状況で、Mais où est *la* cravate？「ネクタイはどこにあるの」と言うのは変です。食卓にはふつうネクタイは置かれていないからで、ネクタイは「食卓」フレームの自然なメンバーではありません。

　冒頭の問題3) Elle a fermé *les* yeux.「彼女は目を閉じた」のように体の部分が話題になるときも、同じ原理が働いていることがわかります。ここでは elle と les yeux の間に「全体」と「部分」の関係が成り立ちます。ちなみに英語では She closed her eyes. のように所有形容詞 her が必要ですので、フランス語とはちがって人の身体部位にフレームが働かず、所有者を特定しなくてはなりません。

　ただしフランス語でも身体部位にフレームが働くのは一つの文の内部だけで、文が変わるとだめになってしまいます。×印はフランス語としてだめな文という記号です。

8) **Paul est rentré de l`école. { *Ses* / ˣ *Les* } mains étaient sales.**

　　　ポールは学校から帰って来た。手は汚れていた。

　文の境界を越えると、英語と同じように所有形容詞 ses を付けなくてはなりません。

5課　定冠詞を支える隠れた枠組み
— 再び初出の定冠詞について

▌▌▌▌▌▌▌▌▌▌▌▌▌▌▌▌▌▌▌▌▌

(問題)　（　　）に適切な冠詞を入れてみましょう。

1）Voilà（　　）cuisine. Et de l'autre côté du couloir, vous avez（　　）salle de bains.

[不動産屋が客に家の中を見せていて] ここが台所です。廊下の反対側に浴室があります。

2）Tu vois ? Ça, c'est（　　）panda.

[動物園に連れて行った子供に] 見えるかい。あれがパンダだよ。

3）Qu'est-ce qu'il y a à voir dans cette ville ? — Eh bien, il y a（　　）Jardin botanique et（　　）cathédrale.

「この町で見物するものは何がありますか」「ええと、植物園と大聖堂があります」

　正解はすべて定冠詞で、1) la, la　2) le　3) le, la です。4課（p.20）で定冠詞はどれをさしているのかわかるということを聞き手に伝える記号だということを見ました。最初に話題にするものには不定冠詞を付け、二度目に話題にするときには定冠詞を付けるというのは、その一つのケースにすぎません。そしてどれをさしているのかわかるのは、世の中に一つしかないものや、話している現場にあるものや、何かとの関係で決まるものや、フレーム知識によって引き出すことができるものであることも見ました。しかし上の問題をそのようなケースの一つと見なすのはちょっと難しいと感じられるかもしれません。もう少し考えてみましょう。

　1）の la cuisine「台所」と la salle de bains「浴室」はふつうの家ならあるもので、たいてい一つしかないものです。一方、フランスでは一軒の家に寝室はいくつかあるのがふつうですから、Vous avez *une* chambre au rez-de-chaussée et *une* autre au premier étage.「1階に寝室が一つと、2階にもう一つあります」のように不定冠詞を付けます。そうするとこのケー

24

スでは、一つしかないものか複数あるものかが、定冠詞と不定冠詞の使い
分けを決めているように見えます。この見方はまちがいではないのですが、
定冠詞には実はもう一つの意味が隠されていることに注意しましょう。la
maison「家」を全体とすると la cuisine「台所」はその一部になりますの
で、ここには「全体」と「部分」の関係が成り立っています。つまり台所
は「家フレーム」に含まれているのです。したがって la cuisine はただの
台所ではなく、この家の台所をさすことになります。定冠詞は単に一つし
かないものを表しているのではなく、台所が「この家」の一部であること
も表しているのです。このように定冠詞の背後には、暗黙のうちに了解さ
れているフレームが隠れています。次の例も同じです。

4）Je peux utiliser _le_ téléphone ?　［喫茶店で］電話を使っていいですか。

5）_L_'addition, s'il vous plaît.　［レストランで］お勘定お願いします。

6）Avancez _au_ fond.　［バスの運転手が］奥に詰めてください。

　le téléphone はどの電話でもよいのではなく、この店の電話をさしてい
ます。また l'addition は私が今しがたした飲食の勘定書ですし、le fond は
乗っているバスの奥を意味しています。

　実は定冠詞の用法でよく挙げられる「この世に一つしかないもの」も同
じく隠れたフレームに基づいています。le soleil「太陽」は単独ではふつ
う定冠詞を付けて使いますが、それは私たちのいる太陽系の中心恒星をさ
しているからです。太陽系というフレームのなかで一つに決まるのです。
太陽系以外も考慮に入れると、Il y a plusieurs soleils dans la Galaxie.「銀
河系にはたくさんの太陽がある」のようにとたんに複数になり、定冠詞以
外の限定詞も使えるようになります。

　定冠詞を支える枠組みの重要性は次の例がよく示しています。子供向き
の本で「人間クリケット」の遊び方を説明している文章です。

7）Florian a _le_ ballon et _la_ cuillère en bois. Les autres ont des numéros
　　et ils courent. Quand Florian dit « Stop », ils arrêtent de bouger, les
　　jambes bien écartées. Pour faire son parcours de croquet, Florian

pousse son ballon avec *la cuillère* et il le fait passer, dans l'ordre des numéros, entre les jambes de ses copains.

> フロリアンはボールと木のラケットを持っています。他の人は数字を書いたカードを持って走ります。フロリアンが止まれと言うと、他の人は脚を大きく開いて止まります。クリケットで決められたコースをたどるために、フロリアンはボールをラケットでたたいて、数字の順番にお友達の脚の間を通します。

le ballon「ボール」と la cuillère「ラケット」に定冠詞が付いている点に注意しましょう。この定冠詞はボールとラケットが、このゲームで使うボールとラケットだということを表しています。もし Florian a *un* ballon et *une* cuillère. のように不定冠詞にしてしまうと、ゲームとボールやラケットのつながりが失われてしまい、ただのボールとラケットになってしまいます。ですからここは初出でも定冠詞でなくてはならないのです。

　このようにある枠組みの中で一つに決まるというのが定冠詞単数形の意味ですが、では定冠詞複数形が使われるのはどのような場合でしょうか。冒頭の問題 1）で貸家を案内している不動産屋さんが、なかなか寝室を見せてくれないときには、Mais où sont *les* chambres ?「寝室はどこですか」とたずねます。フランスの家にはふつう寝室は複数あります。この les chambres「寝室」は「この家」という枠組みの中の寝室全部を表しています。ですから定冠詞単数形は「枠組みの中で一つに決まるもの」、複数形は「枠組に含まれた該当するもの全部」を表していると考えてよいでしょう。

　実はこれではうまく解決できない問題がいくつかあります。

8）Cet été, *les* Français ont voté à droite.　この夏、フランス人は保守派に投票した。

9）*Les* Chinois ont inventé la boussole, le papier et la poudre.

　中国人は羅針盤と紙と火薬を発明した。

　8）は総選挙の投票の結果、議会では保守派が多数を占めたという意味ですが、フランス人全部が保守派に投票したわけではありません。また 9）では中国人全員が発明をしたのではありません。伝承によると紙を発明したのは蔡倫という一人の中国人だとされています。もし les Français

26

や les Chinois がフランス人全員、中国人全員をさすと考えると、事実と合わなくなってしまいます。定冠詞複数形にはこのような一見するとルーズな使い方があります。この使い方のしくみをうまく説明するのは難しいのですが、日本の選手がオリンピックで金メダルを獲得すると日本中が喜びに包まれるように、一人の中国人が紙を発明すると中国人全員の功績と見なされるというしくみが背後にあるようです。

　次に問題 2) に移ります。もし知らない動物を見た子供が、Papa, qu'est-ce que c'est que cet animal ?「パパ、あの動物は何ていうの」とたずねたら、C'est *un* panda.「あれはパンダだよ」と不定冠詞を付けて答えたでしょう。しかし冒頭の問題では子供にパンダを見せながら、「あれがパンダというものだ」と教えているのです。le panda の定冠詞は目の前にいる一頭のパンダをさしているのではなく、パンダという動物種をさしています。このとき定冠詞の枠組みは話している現場ではなく、{ la girafe、le lion、l'ours ... }「キリン、ライオン、クマ、…」のような動物種の集合です。

　問題 3) では il y a 構文で定冠詞が使われているので、不思議に思った人もいるかもしれません。Il y a *un* vase sur la table.「テーブルの上に花瓶がある」のように、il y a 構文では il y a の次に来る名詞には不定冠詞か部分冠詞が付くのがふつうだからです。確かに「この町には植物園が一つとカテドラルが一つある」と言うときには、Il y a *un* jardin botanique et *une* cathédrale dans cette ville. のように不定冠詞になります。しかし冒頭の問題では、「この町に何があるか」ではなく、「この町で見物すべきものは何か」をたずねています。ですから定冠詞の使用を支える枠組みは「この町」ではなく、「この町で見物すべきもの」のリストなのです。le Jardin botanique と *la* cathédrale の定冠詞は、この枠組みとしてのリストの一部をなしていることを表しています。植物園とカテドラルはリストの中ですでに存在前提を持っているので、定冠詞の使用が適切になります。不定冠詞と定冠詞の区別は、さしているものが一つに決まるか否かで論じられることが多いのですが、枠組みの有無が大きな役割を果たしているのです。

6課　フランス人はチーズが好き
— 総称を表す冠詞

|||||||||||||||||||||||||||||

問題　（　　）に適切な冠詞を入れてみましょう。

1）（　　）**Français aiment**（　　）**fromage.**　　フランス人はチーズが好きです。

2）（　　）**chat est carnivore, alors que**（　　）**chien est omnivore.**
　　　猫は肉食ですが、犬は雑食です。

3）（　　）**garçon ne pleure pas !**　　男の子は泣くものじゃない。

　正解は 1) Les, le　2) Le, le　3) Un です。上の問題に登場した名詞は全部、個々の人や物をさすのではなく、クラス全体をさす総称用法です。例えば 1) はフランス人全員について成り立つ一般論を述べています。les Français「フランス人」に定冠詞複数形が使われているのは Français が可算名詞だからで、le fromage「チーズ」に定冠詞単数形が使われているのは fromage が非可算名詞だからです。しかし 2) も可算名詞である猫や犬全体について述べられているのに、どうして定冠詞単数形が用いられているのでしょうか。また 3) では不定冠詞単数形が使われています。なぜこのように総称で使われる冠詞にちがいがあるのでしょうか。

　可算名詞を用いてフランス語で総称を表すには、一般に次の 3 通りの方法があります。

4）*Les* **chevaux sont des animaux utiles.**　　馬は役に立つ動物である。

5）*Le* **lion est un animal féroce.**　　ライオンは猛獣である。

6）*Un* **carré a quatre côtés.**　　正方形には辺が 4 つある。

　4) では定冠詞複数形の les、5) では定冠詞単数形の le、6) では不定冠詞単数形の un を使っています。このうち日常最もよく使われるのが 4) の定冠詞複数形です。例えば「私はサクランボが好きです」なら J'aime *les* cerises. と言います。総称では定冠詞複数形の les を使うのがいちばん無難です。

では問題 2）の定冠詞単数形はどのような場合に使われるのでしょうか。

7）*Le* **lion est un animal sauvage, très fort et très féroce ; on dit que c'est une fauve.**　ライオンはとても強くで獰猛な野生動物です。猛獣と呼ばれています。

8）*Le* **lion d'Afrique n'est plus présent qu'au sud du Sahara ; c'est le seul félin dont le mâle porte une crinière.**

アフリカライオンは現在ではサハラ砂漠より南にしか生息していない。ライオンは雄がたてがみを持つ唯一のネコ科の動物である。

　7）は子供向けの本、8）はフランスの百科事典で見つけた例です。定冠詞単数形の総称用法は、このように科学の解説や事典の説明でよく用いられます。その理由は 5 課（p.24）で解説したように、定冠詞単数形が「枠組みの中で一つに決まるもの」を表すからです。ではライオンの場合の枠組みは何かと言うと、それは私たちが知識として知っている動物種の分類体系です。右の図はその分類体系の一部をイメージしてもらうためのものです。le lion「ライオン」、le tigre「トラ」、le chat「ネコ」などは、ネコ

科に分類される動物種としてファミリーを構成しています。このような分類体系を枠組みとして、le lion は動物種として一つに決まるので定冠詞単数形が使われるのです。実際にアフリカにライオンが何千頭いても関係ありません。何千頭のライオンは動物種としてはただ一つだからです。

　ここから大事なことを導くことができます。それは総称用法の定冠詞単数形は、ライオンならその動物種として固有の性質で、メンバー全員に共有されている性質を述べるときに用いられるということです。例えば Le lion est un animal féroce.「ライオンは猛獣である」では、「猛獣である」という性質は動物種としての固有の性質で、ライオンならばすべての個体が持っている性質ですね。*Le chat est carnivore.*「猫は肉食である」も同じです。ここで次の例を見てみましょう。

9）*Le* **chat siamois est intelligent.**　シャム猫はかしこい。

10）[×] *Le chat blanc est intelligent.*　白い猫はかしこい。

　シャム猫は猫の品種として確立したカテゴリーで、アビシニアンとかペルシャ猫などの他の品種とファミリーを構成しています。ですから定冠詞単数形を用いてその固有の性質を述べることができます。ところが le chat blanc「白い猫」はそうではありません。白いペルシャ猫も白いシャム猫もいるでしょうから、「白い」という性質を基準にして作られた集合はばらばらな品種の寄せ集めでしかありません。「シャム猫」は確立された集合ですが、「白い猫」は一時的に作られた集合です。この場合は定冠詞複数形を使って *Les* chats blancs sont intelligents. と言わなくてはなりません。

　ここから最初に戻って考えると、なぜ総称で定冠詞複数形がいちばんよく使われるかがわかります。定冠詞複数形は les Français「フランス人」のように確立された集合も、*les* chats blancs「白い猫」のように一時的に作られた集合も、区別なく同じようにさすことができるのです。これはとても便利です。おまけに *Les* Français aiment le fromage.「フランス人はチーズが好きです」と言うとき、チーズが苦手なフランス人もいますので、フランス人全員に厳密に当てはまることがらでなくてもかまいません。一般的傾向として言えればよいのです。これも日常では総称用法で定冠詞複数形が好まれる理由の一つになっています。

　では最後に問題 3）*Un* garçon ne pleure pas.「男の子は泣くものじゃない」のケースを考えてみましょう。総称でいちばん使いにくく制約が多いのが不定冠詞単数形です。まずそのメンバーのどれを取っても当てはまるような性質についてしか使うことができません。

11） *Une* **symphonie est composée de quatre mouvements.**

　　　　交響曲は 4 楽章からできている。

12） *Un* **carré a quatre côtés.**　正方形には辺が 4 つある。

　時にはシューベルトの未完成交響曲のような例外もありますが、交響曲にはふつう 4 楽章ありますし、正方形には例外なく辺が 4 つあります。このように不定冠詞単数形は事物の定義的な性質について述べるときによ

く用いられます。次の例はそれに当てはまらないのでうまく行きません。文の先頭の疑問符はフランス語の文としてややおかしいという意味です。

13）?*Un* chat est affectueux.　猫は情愛が深い。

14）?*Un* footballeur est populaire.　サッカー選手は人気がある。

　猫の中には冷たい猫もいるでしょうし、サッカー選手の全員が人気があるとは言えません。

　総称用法の不定冠詞単数形の持つ「集合のメンバー全員に当てはまる」という性質を逆手に取ったのが、問題 3）の *Un* garçon ne pleure pas. 「男の子は泣くものじゃない」です。全員に当てはまるわけですから、男の子たるものすべからくそうするべきであるということになり、そこから「〜しなくてはならない」という意味が出て来ます。次も同じ例で、このような場合に不定冠詞単数形がいちばんしっくり来るのです。

15）*Un* poème se lit à haute voix.　詩は声に出して読むものだ。

　また不定冠詞単数形は abonder「多く生息する」、s'éteindre「絶滅する」、se raréfier「数が減る」のように、集合のメンバー全部をまとめて考えなくては成り立たないような表現では使うことができません。

16）˟*Un* tigre est en voie d'extinction.　虎は絶滅の危機に瀕している。

　このような場合は *Les* tigres sont en voie d'extinction. のように定冠詞複数形を使わなくてはなりません。

　冠詞のなかで唯一総称用法を持たないのが不定冠詞複数形の des と、部分冠詞です。

17）˟**Des** chats sont carnivores.　猫は肉食である。

18）˟**Du** vin est bon pour la santé.　ワインは健康によい。

　もともと des は les と部分を表す前置詞 de とが de + les → des と縮約し、du は le と de が de + le → du と縮約したものです。このため des chats は「すべての猫のうちの何匹か」という集合の一部を表すので、そもそも総称には向きません。総称は集合のメンバー全部について何かを述べるものだからです。

7課 Un Mozart って何だろう

— 固有名詞につく冠詞

██████████████████████████████

問題 （　　　）に適切な冠詞を入れてみましょう。

1）（　　　）**Durand ont déménagé le mois dernier.**

デュラン一家は先月引っ越しました。

2）（　　　）**Descartes n'aurait pas pensé comme ça.**

デカルトのような人だったらそうは考えなかったでしょう。

3）**Ils ont joué**（　　　）**Mozart.**　彼らはモーツァルトの曲を演奏しました。

　正解は 1) Les　2) Un　3) un または du です。英語の *the* Browns「ブラウ
ン家の人々」と同じように、フランス語で名字に定冠詞複数形を付ける
と「〜家の人々」という意味になります。ただし英語とちがって名字に
複数の -s は付けません。名字に不定冠詞を付けると、「〜家の一員」とい
う意味になり、Jean a épousé *une* Martin.「ジャンはマルタン家の娘と結
婚した」のように使えます。しかし 2) はその用法ではなく、「デカルトの
ような能力・性質を持った人」という意味です。1) では固有名詞であっ
てもその名字を持つ人は複数いるわけですから集合が形成され、その集
合のメンバー全員をさす *les* Durand「デュラン家の人々」という表現が成
立します。また 2) ではデカルトのような高い思索力を持った人の集合を
考えれば、そのうちの一人という捉え方で *un* Descartes「デカルトのよう
な人」という表現ができます。これは Paris のような固有名詞でも、J'ai
découvert *un* Paris inconnu.「私はパリの知られざる側面を発見した」のよ
うに、事物のさまざまな側面を考慮すると不定冠詞を取るという現象と同
じです。「よく知っているパリ」「あまり知らないパリ」「昔のパリ」「現在
のパリ」のように、いろいろなパリが考えられるわけです。このように固
有名詞であっても集合が形成されるメカニズムを**複数化**と呼んでおきま

しょう。問題 1) と 2) はやや性質は異なるものの、複数化によって現れた冠詞ということができます。複数化は定冠詞を取る名詞にも同じメカニズムによって起きます。

4) **Au ciel bas, il y avait le soleil, *un* soleil noir.**

　　低く垂れこめた空に太陽が、黒い太陽があった。

5) **Nous vivons dans *un* monde où l'argent est roi.**

　　私たちは金がすべての世界に暮らしている。

un soleil はさまざまな姿の太陽のうちの一つの姿、*un* monde はさまざまな世界のうちの一つです。ほんとうは世界は一つしかないのですが、ここではさまざまな世界を想定することで複数化しています。

ここまではいいのですが、問題 3) の Ils ont joué *un* (*du*) Mozart.「彼らはモーツアルトの曲を演奏した」はこのような標準的な冠詞の使い方からは外れています。少し考えてみましょう。日本語でも「モーツアルトの曲を弾く」「ピカソの作品を持っている」という意味で、「モーツアルトを弾く」とか「ピカソを持っている」という言い方をすることがあります。この場合、「曲」や「作品」という名詞が省略されていると感じられます。ところがフランス語ではそのような見方はうまくいきません。

6) **J'ai acheté *une* Toyota parce qu'elles sont économiques.**

　　私はトヨタ車を買ったが、それはトヨタ車が経済的だからだ。

une Toyota は une (voiture de) Toyota の略で、voiture は女性名詞ですから女性形の une が付きます。une (montre de) Rolex「ローレックスの腕時計」、un (portable de) Sony Ericsson「ソニー・エリクソンの携帯電話」なども同じで、省略されている名詞に応じて冠詞は男性形にも女性形にもなります。ところが「モーツアルトの作品」の場合は必ず男性形の un になるのです。もし une sonate de Mozart「モーツアルトのソナタ」の sonate という名詞を省略するとしたら une Mozart と言えてもおかしくないはずですが、実際はそうはなりません。たとえソナタでも冠詞は常に男性形の *un* Mozart です。ですからこれは 6) のような名詞の省略ではないのです。

ここには修辞学でメトニミー（métonymie）と呼ばれる意味の形成が関わっています。メトニミーとは、国会のことを「永田町」と場所で呼んだり、「ひと壜空けてしまった」のように容器で中身を表すように、密接に関係する別の呼び名でものごとをさすことをいいます。un Mozart では作者名で作品をさすメトニミーが使われているのです。作品丸ごと一つならば不定冠詞の un、作品の一部・一節ならば部分冠詞の du を取ることになります。なお作者が女性のときも冠詞は男性形です。

7）Ils ont acheté *un* Laurencin.　彼らはローランサンの絵を一枚買った。

　産地と製品のメトニミーの場合には、acheter du bordeaux「ボルドー産のワインを買う」、posséder des sèvres「セーブル焼きの食器を持っている」のように、Bordeaux や Sèvres という地名が普通名詞化して、小文字で書くようになります。

　石田秀雄『わかりやすい英語冠詞講義』（大修館書店）には、This painting is a Rembrandt.「この絵はレンブラントが描いたものです」という例が引かれていて、作者と作品を結ぶメトニミーが英語でも働くことがわかります。ただしこの例のように固有名詞が不定冠詞を取るのは絵画や彫刻に限られていて、a Shakespeare のような文学作品の例は極めて稀だと指摘されています。どうもフランス語では事情がちがうようで、lire *un* Balzac「バルザック（の小説の一編）を読む」とか réciter *un* Baudelaire「ボードレール（の詩の一編）を朗唱する」とか問題なく言えますので、フランス語の方が作者と作品を結ぶメトニミーがよく働くようです。英語よりもフランス語の方が冠詞が発達していることがその理由かもしれません。また英語には部分冠詞がありませんので、jouer *du* Mozart「モーツァルトの曲の一節を演奏する」のように言うことはできません。

　では次の例はどう考えればよいでしょうか。

8）Ce garçon a *du* Martin.　この少年はマルタン家の人間らしい所を持っている。

　たとえばマルタン家の人々はみんなワシ鼻だとか頑固者だとか、一家を特徴づけるような容貌や性質があるとします。そのとき 8）はその少年も

マルタン家の人間の特徴を備えていることを述べています。この用法の背後には、可算名詞を非可算化することで、事物から性質へと転化するメトニミーが働いています。普通名詞の例で見てみましょう。

9）**Il y avait à la fois** *du* **serpent et** *du* **tigre dans cette créature patiente et implacable !**（A. Dumas, *Les Mohicans de Paris*）

　　この忍耐強く仮借ない被造物には、ヘビを思わせるものとトラのような所が同居していた。

10）**Il y a** *de la* **sainte en elle.**　　彼女にはどこか聖女めいた所がある。

　du serpent がもし動物とその肉を結ぶメトニミーなら「ヘビの肉」を意味するところで、確かに manger *du* serpent「ヘビを食べる」ならばその意味で使うことができます。しかし 9）10）の例はそのような用法ではなく、事物とその特徴的な性質を結ぶメトニミーです。本来は可算的な名詞を非可算的に把握することによって、個体からその性質へと意味が拡張されています。この用法では冠詞は名詞の性によって変化します。9）の *du* serpent と *du* tigre では、serpent「ヘビ」も tigre「トラ」も男性名詞なので部分冠詞男性形 du が使われています。10）では sainte「聖女」は女性名詞なので冠詞は de la になっています。

　最後にメトニミーではなく名詞の省略の例だった J'ai acheté *une* Toyota.「私はトヨタ車を買った」の問題をもう少し考えてみます。もし私が買ったのがトラック un camion だったら、camion は男性名詞ですから J'ai acheté *un* Toyota. と言うのでしょうか。いろいろな製品を販売しているメーカーならば、確かに両方の冠詞が見られることがあります。

11）**Ce manteau, c'est** *un* **Dior ?**　　このコートはディオールの製品ですか。

12）**Cette chemise, c'est** *une* **Dior ?**　　このワイシャツはディオールの製品ですか。

　ただしこれは話題になっているのがコートとかワイシャツとかはっきりしている場合です。「私はトヨタ車を買った」では買ったのが乗用車なのかトラックなのかそれともジープなのかはっきりしません。そういうときには自動車全体を代表する voiture という名詞を想定し、それが省略されたと考えて J'ai acheté *une* Toyota. と言います。

仏和辞典はどうやってつくる？

∿∿

　今日は大学に入学してフランス語を学び始め Q 子さんが、旧知の A 先生に仏和辞典について聞きたいことがあると言ってやって来ました。うららかな春の午後のことです。

Ｑ：とても初歩的な質問なんですけれど、仏和辞典ってどうやって作られているんですか？
Ａ：ううっ。いきなり本質的な所に切り込んで来ましたね。たとえば日本語の本格的な辞書を日本で作る場合なら、まず用例調査という作業から始めます。現代日本語なら現代の用例を、もう少し古い時代まで含めた辞書なら時代をさかのぼって、書物のなかでの言葉の使われ方を調べるわけですね。しかしこれは膨大な労力と時間のかかる作業です。フランスで作成された *Le trésor de la langue française*（TLF と略称）はフランスの国家的事業として作られたんですよ。日本で仏和辞典を作る場合、そこまでのことはできませんので、仏仏辞典や他の仏和辞典を参考にして作られています。
Ｑ：具体的にどのように作業するんですか。
Ａ：たとえば voir という項目を担当すると、手に入るあらゆる辞典の voir の項目を読んで比較します。辞書には個性があって、同じ項目でも辞書によって書き方や内容がちがうんですよ。仏和辞典ではありませんが、個性があって有名なのは『新明解国語辞典』（三省堂）ですね。「むっちり」の項目を見ると、「（腕・乳房などの）肉づきがよくて引きしまっていることを表す」という語義解説のあとに、「イナゴは軽快で、香ばしく、肉にむっちりしたところもあって、いいオヤツになるのだった」という例文がありますが、なんでイナゴなんだかわかりませんね。編者が食通だったからとも言われています。例文があんまりおもしろいので、赤瀬川原平とい

う人が『新解さんの謎』という本を書いているくらいなんですよ。特に第4版がお勧めで…

Ｑ：先生、あの仏和辞典のお話を…

Ａ：ああ、そうでした。とにかく仏仏辞典や仏和辞典の voir の項目を読んで比較し、それに自分の経験と知識も加えて、その辞書で求められる項目を執筆するわけです。

Ｑ：その辞書で求められるというのは、どういうことでしょうか。

Ａ：ここからがフランス語を習い始めたあなたに関係する話ですね。辞書を選ぶコツは、自分の目的に合った辞書を選ぶことに尽きます。Ｑ子さんはフランス語を習い始めた初学者ですから、選ぶ辞書はずばり学習辞典です。

Ｑ：学習辞典ってどんな辞書を言うんですか。

Ａ：見出し語の数を3万5千語から4万語程度に絞り、初学者には必要ない専門語義や歴史的な古い語義を省いて見やすく整理し、初学者がまちがいやすいポイントなどを注や囲み記事などで解説している辞書です。それからフランス語は動詞の活用が複雑なので、活用形を見出し語にしているのも学習辞書の特徴ですね。学習辞書を作る場合は、どの情報を載せるかよりもどの情報を削るかが大事なんですよ。1項目あたり何行までという行数の制限があるので、限られたスペースに納めるために捨てる情報もたくさんあるのです。私も長年辞書作りに携わってきましたが、その過程で痛感したのは「辞書作りは捨てる作業である」ということと、「あらゆる辞書は妥協の産物である」ということですね。

Ｑ：「捨てる作業」というのはわかりますが、「妥協の産物」というのはどういうことですか。

Ａ：ほんとうはこれも載せたい、でも載せられないので諦めるということが多いということですよ。

Ｑ：載せられなくて特に残念だったものってありますか。

Ａ：英語の学習辞書では名詞の可算と非可算を Ⓒ Ⓤ という記号で表してい

るものが多いですね。

Q：私が使っていた辞書もそうでした。book は数えられるから©で、water は数えられないから⛛ですね。

A：私が関係していた辞書のある版で、名詞の重要語について© ⛛の表示を付けたんですよ。でもやはり問題があるということで、次の版で削除されてしまいました。

Q：どうして問題があるんですか。あれば便利だと思いますけど。

A：私もそう思うんですが、フランス語では原則としてどんな名詞でも可算的にも非可算的にも使うことができるので、© ⛛の表示を付けるとかえって誤解を招くという意見が出たのです。たとえば eau「水」は Je bois de l'eau.「私は水を飲む」のように部分冠詞を付けて非可算で使うことが多いですけど、C'est une eau potable.「これは飲料水です」だと可算になります。

Q：そうなんですか。可算と非可算って、名詞ごとに決まっているわけではないんですね。最後に辞書を使うコツを教えていただけますか。

A：辞書は用例が命です。語義だけを見るのではなく、その単語が文の中でどのように使われているかを見ることが大切です。電子辞書では最初に表示される画面に語義しかなくて、ボタンを押さないと用例が表示されないものが多いので、必ず「例文」ボタンを押してくださいね。

Q：あら、私、今まで「例文」ボタンを押したことがなかったような…。

A：むむむ（絶句）。

2章
ヒトとモノをあらわす：人称代名詞と指示代名詞

コトバの重要なはたらきに指示機能があります。指示とは「何かをさす」ことです。指示のはたらきに特化した記号が人称代名詞と指示代名詞です。Il ne pense qu'à ça.「彼はそれしか考えていない」の il は人称代名詞で ça は指示代名詞ですが、それぞれ何かをさしています。しかしそのさし方は同じではありません。おおまかに言うと、人称代名詞はコトバをさし、指示代名詞はモノやコトをさすのが基本的なはたらきです。また日本語とフランス語とではしくみがちがっていて、何かをさすとき日本語ではモノやコトが優先されますが、フランス語ではコトバが優位に立つ傾向が見られます。また日本語と異なりフランス語では代名詞は省略できないので、フランス語のしくみの中で代名詞は大きな役目を果たしています。この章ではそのしくみを見てみましょう。

1課　il は「彼」ではない
— 人称代名詞は何をさすか

||||||||||||||||||||||||||||||

問題　次の文章を日本語に訳してみましょう。

Aucun écrivain aujourd'hui, si jeune qu'il soit, ne peut s'imaginer qu'il a inventé le roman.

　ヌーボー・ロマンの小説家 Michel Butor の文章です。これを直訳して「今日ではいかなる作家といえども、彼がどんなに若くても、彼が小説を発明したなどと考えることはできない」と訳すと、とても変です。どこがおかしいかというと、訳文に二度登場する「彼」がその原因です。「今日ではいかなる作家といえども、どんなに若くても、自分が小説を発明したなどと考えることはできない」と訳すと、より自然な日本語になります。どうしてなのでしょうか。

　パリに客死した哲学者の森有正は「chien は犬ではない」という名言を残しましたが、それにならって言うと、「il は彼ではない」のです。私たちは je は「私」「僕」、tu は「君」、il は「彼」で elle は「彼女」と、フランス語と日本語を対応させて考えがちですが、そこに大きな落とし穴が潜んでいるのです。ここにはフランス語側の問題と日本語側の問題の両方がからんでいます。まずフランス語側の問題から見ることにしましょう。

　je, tu, il などは人称代名詞ですが、代名詞には一般に二つの機能があります。一つ目は「さす」機能で、二つ目は「受ける」機能です。さす機能は言語学では**直示**と言い、目の前にあるものを指さして「これ」と言うときのように、言語記号で外界の事物を直接にさす働きのことです。人称代名詞では 1 人称の je, nous は話し手や話し手を含む集団を、2 人称の tu, vous は聞き手と聞き手を含む集団をさしますので、「さす」機能がもっぱら働いていることになります。

　もう一つの「受ける」機能は言語学では照応（anaphore）と呼ばれていて、前に一度出て来た単語を受ける働きを言います。

1）Jacques est étudiant. *Il* fait du droit.

　　　ジャックは学生です。彼は法律を学んでいます。

　この例で il は前の文の Jacques を受けています。つまり il は話し手の目の前にいる人をさしているわけではなく、先行詞である Jacques というコトバの代用として使われています。

　フランス語の代名詞の用法で忘れてはならないのは、1 人称の je, nous と 2 人称の tu, vous には直示用法しかなく、3 人称の il(s), elle(s) には照応的用法しかないということです。フランス語を学ぶときに、j'aime / tu aimes / il aime / elle aime と呪文のように動詞の活用を唱えて覚えるので、je / tu / il / elle は一つのグループをなす仲間のように見えますが、実はそうではありません。直示用法の je / tu は「人」をさしていますが、照応用法の il / elle は人・物ではなく「コトバ」を受けているのです。このことをよく示す例を見てみましょう。

2）Lors d'un dîner, l'entrecôte a disparu. On accuse le chat, et on a l'idée de peser la bête. *Elle* fait juste cinq livres, le poids de la viande qui a disparu. C'est donc lui le coupable. Mais, dit alors quelqu'un, où est le chat ?

　　　夕食時にサーロイン・ステーキ用の肉が消えてしまった。猫の仕業だろうということになり、猫の体重を量ることにした。体重は 2.5kg で、ちょうどなくなった肉の重さと同じだった。やっぱりあいつの仕業だ。すると誰かが言った。でも猫はどこに行ったんだろう。

　猫は最初、男性名詞 le chat として登場し、次に la bête「動物」と言い換えられています。次の人称代名詞は elle が使われていますが、これは直前の la bête を受けているからです。ここで大事なのは、女性形の elle を使ったからといって、猫の性別には一切関係がないという点です。オス猫かメス猫かには関係なく、elle は la bête という「コトバ」を受けているから女性形なのです。

このようにフランス語の il / elle は目の前にいる人や物をさすのではなく、コトバを受ける働きが基本です。

　次に日本語側の問題を考えてみましょう。

3）A : Ecoute, il y a un type qui aimerait bien partir en vacances avec toi.

　ねえ、あなたとバカンスに行きたいと言っている男がいるわよ。

**　 B : Eh bien, qu'est-ce qu'*il* me propose ?**

　その人、どんな計画があるのかしら。

　Bさんのセリフを「彼、どんな計画があるのかしら」と訳すとおかしくなります。その理由は、日本語の「彼」「彼女」は基本的に自分が知っている人にしか使えないからです。

4）A : 昨日山田さんに会いましたよ。

**　 B : そう、彼は元気にしていましたか。**

　この例なら「彼」を使っても問題はありません。山田さんは共通の知人で、AさんもBさんもよく知っているからです。この例で「彼」は一見すると、Aの言った文に含まれている「山田さん」を受けているように見えるかもしれませんが、実はそうではありません。Aの「山田さん」が引き金になっているのは確かですが、「彼」はBさんの記憶の中に登録されている山田さんという人をさしています。日本語の「彼」「彼女」は、人をさす記号で、コトバを受ける記号ではないのです。言い換えると日本語の3人称代名詞には直示機能しかなく、照応機能がありません。すでに述べたようにフランス語の3人称代名詞には、逆に照応機能しかなく直示機能がありません。これが「il は彼ではない」と言える理由なのです。

　Jacques est étudiant. *Il* fait du droit.「ジャックは学生です。彼は法律を学んでいます」のような場合に、il を「彼」と訳してもそれほどおかしくないのは、il が Jacques という人をさしていると考えても、Jacques というコトバを受けていると考えても、実質的にそれほど大きな差が出ないからです。この差がいちばん表面化するのは、il の先行詞が特定の人をさしていない場合です。

5）**Tout citoyen, lorsqu'*il* a été témoin d'un crime, doit avertir la police.**

　市民は誰でも犯罪を目撃したら警察に通報しなくてはならない。

6）**Le Français sait que les choses iront bien « quand même » ; *il* préfère se tranquiliser avec ce « quand même » plutôt que de se soumettre à la discipline.**

　　フランス人は物事は「何とか」うまく行くことを知っている。規律に従うよりは、この「何とか」で心安らかに暮らすことを好むのである。

7）**Aucun peintre n'est satisfait des œuvres qu'*il* a mises au monde.**

　　自分が生み出した作品に満足している画家などいない。

　5）を「市民はだれでも彼が犯罪を目撃したら」と訳すととても変です。これは tout citoyen が「あらゆる市民」を意味し、特定の人を意味するのではないからです。「あらゆる市民」を知っているということはありえないので、「彼」を使うとおかしいのです。6）ではフランス人一般が話題になっているので、これも同じ理由で「彼」と訳すととても変になります。7）では aucun は否定表現なので、画家の存在は否定されています。存在しない人を知っていることはありえませんので、ここでも「彼」を使うとおかしくなってしまいます。

　日本語の「彼」はもともと「か」と読み、現代語の「あれ」と同じように遠くにあるものをさす指示詞でした。明け方や夕暮れの薄暗い時をいう「かはたれどき」という表現がありますが、「かはたれ」は「あれは誰だ」という意味です。またこの指示詞は「あの頃はよかった」のように、記憶の中にあるものもさします。このような意味を持つ指示詞起源であるために、今でも「彼」は知っている人にしか使うことができないのです。

　フランス語の il も起源は指示詞ですが、日本語とは逆に人をさす用法ではなくコトバを受ける機能を発達させました。このために aucun peintre のように否定されて存在しない画家であっても il で受けることができるのです。日本語とはちがってフランス語はコトバの世界が優位を占める言語なのですが、il と「彼」のちがいもその一つの表れと言えるでしょう。

2課　コピー機の怪
― 人称代名詞とカテゴリー化

〔問題〕　次の文でなぜ女性形の la が使われているのか考えてみましょう。

Le loup se jeta sur le Chaperon rouge et *la* mangea.

オオカミは赤頭巾ちゃんに襲いかかると、彼女を食べてしまいました。

　赤頭巾 le Chaperon rouge は男性名詞なので、それを受ける目的格の代名詞は le のはずではないでしょうか。この文では先行詞と代名詞の性が食い違っています。すぐ前の課でフランス語の 3 人称代名詞 il / elle はコトバを受ける働きをすると述べました。それならコトバとしての先行詞 le Chaperon rouge は男性なので、男性形の le になるのではないでしょうか。

　私が学生時代にパリに留学していたときのことです。ソルボンヌ大学の古色蒼然とした図書館でコピー機の順番待ちをしていると、私の前でコピーをしていた学生がいきなり振り向いて、Elle ne marche plus.「もう動かない」と言ったのです。私が驚いたのはその学生が先行詞なしにいきなり代名詞 elle を使ったことです。この elle が la photocopieuse「コピー機」をさしていることは明らかですが、それまでに la photocopieuse というコトバは発せられていません。ですから elle には先行詞がないことになります。

　このような代名詞の使い方は、言語学では一般に**外界照応**（exophore）と呼ばれています。目の前にいる人をさして英語で Who is *he* ?「彼は誰ですか」と言うとき、he は目の前にいる男性を直接さしているとされます。ではコピー機の例で、elle は外界照応的にその場にあったコピー機をさしているのでしょうか。少し考えればそうでないことはすぐにわかります。

　買い物をしていて名前のわからない物が欲しいときに便利なのが指示代名詞の ça で、欲しいものを指して Donnez-moi *ça.*「これください」と言えば用が足ります。このとき ça は確かに外界照応的に使われていて、

目の前のモノを直接にさしています。注意しなくてはならないのは ça は男性でも女性でもなく中性だということです。その理由はかんたんで、モノには性がないからです。ここで「それはおかしい」と思った人がいるかもしれません。フランス語の授業で名詞には性があり、livre「本」は男性名詞で table「テーブル」は女性名詞だと教わるからです。だったらモノにも性があるではないかということになりそうですが、それはちがいます。モノに性があるのではなく、フランス語の livre や table というコトバに性があるのです。その証拠に太陽はフランス語では le soleil で男性ですが、ドイツ語では die Sonne で女性です。もしモノに固有の性があるならば、このような食いちがいが起きるはずはありません。男性・女性の区別はモノの世界ではなく、コトバの世界にあるものなのです。

　ですからソルボンヌの図書館でコピーを取っていた学生が言った Elle ne marche plus.「もう動かない」の elle が目の前のコピー機をさしていることはありえません。elle は la photocopieuse というコトバを受けているのです。しかし la photocopieuse というコトバはその学生の口からは出なかったのですから、このコトバはどこにあるかというと、学生の頭の中にあることになります。elle は外界指示用法の「さす」記号ではなく、先行詞を「受ける」記号です。ただ先行詞が明示的に言語化されなかったというだけのことなのです。

　もちろん「受ける」記号にはふつうは言語化された先行詞が必要です。たとえば物がたくさんある所で指さしもせずに Il est à moi.「これは私のだ」と言ったら、il が何をさしているのか聞く人にはわかりません。しかしその場に物が一つしかなく、話し手も聞き手もその物に注目している場合でしたら、先行詞を口に出さずに使われることは十分ありえるのです。

　目の前の機械を la photocopieuse と呼ぶことを、言語学では**カテゴリー化**と言います。モノは複数のカテゴリー化をされることがあります。たとえば自動車はふつう la voiture ですが、俗語では la bagnole「ポンコツ車」、la poubelle「ゴミ箱」、le tape-cul「尻叩き」とも呼ばれます。これはその

つど別のカテゴリー化を受けているということなのです。うちで Médor という名前の犬を飼っているとすると、犬はふつう le chien ですが、時には犬種である le berger allemand「ドイツシェパード」と呼ばれることも、また l'animal「動物」と呼ばれることもあるでしょう。これも別のカテゴリー化をされているのです。注意しなくてはならないのは、la voiture、la bagnole、la poubelle は女性名詞ですが、le tape-cul は男性名詞だということです。先ほども述べたようにモノ自体に性別はありません。ですからモノはカテゴリー化され言語化されて初めて、コトバの世界で性を与えられるのです。

　ここで冒頭の問題に戻りましょう。Le loup se jeta sur le Chaperon rouge et *la* mangea. の la は elle と同じくコトバを受ける記号です。ところがこの例では la は女性形ですので、le Chaperon rouge というコトバではなく、コトバの外にいる女の子を直接さしていることになります。これはどういうことなのでしょう。

　ここにはヒトがこの世界で占める特殊な位置が関係しています。あらゆるモノや生物のなかで、ヒトは唯一あらかじめカテゴリー化されている存在なのです。その証拠にモノや生物については次の問答が成り立ちます。

1）Qu'est-ce que c'est ? — C'est un portable.
　　「これは何ですか」「これは携帯電話です」

2）Qu'est-ce que c'est ? — C'est un ornithorynque.
　　「これは何ですか」「これはカモノハシです」

　しかしヒトについて、Qu'est-ce que c'est ?「これは何ですか」— C'est un homme.「これはヒトです」という問答は考えられません。ヒトは最初からヒトとしてカテゴリー化が済んでいるからです。しかもヒトはあらかじめ男性と女性に分かれるものとして認識されています。つまり「ヒト・男性」「ヒト・女性」とカテゴリー化されているのです。モノはカテゴリー化されて初めて性が与えられるのですが、ヒトはこのような理由であらかじめ性を持っています。このために人称代名詞 elle や la は本来コトバを受ける記号であるにもかかわらず、ヒトに限っては例外的にコトバ

46

を飛び越してその外側にある現実の対象をさすことができるのです。

　もう一つ例を見てみましょう。軍隊で新兵 la recrue が自殺した事件についての軍の上官のコメントです。

3)**Notamment grâce aux excellents contacts qu'*il* avait avec ses camarades de section, la recrue avait déclaré au psychologue que le cadre militaire lui fournissait une aide morale certaine.**

　　とりわけ彼と部隊の同僚との申し分ない人間関係のおかげで、軍という環境は自分に
　　とって確かな精神的支えとなっていると、新兵はカウンセラーに語っていました。

　新兵 la recrue は女性名詞ですが、兵士その人に言及するときには男性形の il を使っています。ここでも il は la recrue というコトバを飛び越して、男性である新兵をさしているのです。

　ただし人称代名詞 il / elle がいつもこのように使われるのかというと、そうではありません。1 課（p.40）で述べたように、フランス語の人称代名詞の基本的用法はコトバを受ける使い方です。ですから赤頭巾の例でも女性形の la ではなく男性形の le を使うこともできます。次の例ではその使い方が見られます。女性のサッチャーが英国首相に就任した時の話です。

4)**Le premier ministre a déclaré que la période qui s'ouvrait serait marquée par la sueur et les larmes. *Il* peut faire valoir que nombre de ces difficultés ont été héritées des travaillistes.**

　　首相はこれからは汗と涙の時代になるだろうと述べた。彼は今日英国が抱える問題の多
　　くは、前政権の労働党の置き土産だと主張することもできるだろう。

　il は先行詞 le premier ministre をコトバとして受けています。この文章ではサッチャー個人ではなく首相という役職の方が重要なので、役職名を受ける il を用いているのです。あえて「彼」と訳しておきましたが、「彼」はコトバではなく人をさす記号なので、この場合は使うことができません。フランス語の il / elle はコトバを受けるという前の課の話を訂正する必要はないのですが、言語記号による指示の世界ではヒトは特別な地位にあることは知っておきたいものです。

3課 「彼」の上に座りなさい
― 人称代名詞強勢形の謎

■■■■■■■■■■■■■■■■■■■■■■■

問題 （　　）にどんな代名詞を入れるか考えてみましょう。

1）Vous avez un tabouret derrière vous. Asseyez-vous sur（　　）.

後ろにスツールがあります。それに腰掛けてください。

2）Je te passe un crayon. Écris avec（　　）.

鉛筆を貸してあげる。それで書きなさい。

　文法では前置詞といっしょに使う人称代名詞は強勢形だと習います。1）で先行詞は un tabouret「スツール」で男性単数ですから、それに対応する強勢形人称代名詞は lui です。ところがここで lui を使うと脳裏に浮かぶイメージは、人間の上に腰掛けるというおかしなものになってしまいます。2）も先行詞 un crayon「鉛筆」は同じく男性単数なのですが、やはり lui は使いにくいようです。これはどうしたことでしょう。

　一つ考えられるのは指示代名詞 ça を使うという手です。確かに ça はモノをさす指示代名詞なので使えるのですが、かなり話し言葉的な言い方になります。朝倉季雄の『新フランス文法事典』（白水社）を見ると、強勢形人称代名詞 lui / elle は原則として人を表すが、物について用いられる場合も稀ではないとしながらも、次のような手段を用いて物をさすのを避けるのが普通だと説かれています。

3）Ce siège est solide, asseyez-vous dessus.

この腰掛けはしっかりしています。これにお掛けなさい。

　〈前置詞 sur ＋名詞〉の代わりに副詞 dessus を、〈dans ＋名詞〉の代わりに dedans を勧めています。ただし、いつでも使えるわけではなく、avec や entre のような前置詞には対応する副詞がありません。しかしそもそもどうして強勢形で物をさすことを避けなくてはならないのでしょうか。主

語人称代名詞の il / elle は問題なく人も物もさすことができます。

4) **Où est le directeur ?　— *Il* est dans son bureau.**

「部長はどこだ」「オフィスにいるよ」

5) **Où est mon stylo ?　— *Il* est sur le bureau.**

「僕の万年筆はどこだ」「デスクの上にあるよ」

直接目的格の補語人称代名詞 le / la / les も問題ありません。

6) **Tu connais Marie ?　— Oui, je *la* connais bien.**

「マリーを知ってるかい」「うん、よく知ってるよ」

7) **Tu utilises Internet ?　— Euh, je *l'*utilise rarement.**

「インターネットを使ってるかい」「めったに使わないな」

雲行きが怪しくなるのは間接目的格の補語人称代名詞からです。

8) **Tu as téléphoné à Marie ?　— Oui, je *lui* ai téléphoné ce matin.**

「マリーに電話したかい」「うん、今朝したよ」

9) **Tu as réfléchi à cette question ?　—ˣOui, je *lui* ai réfléchi.**

「あの問題を考えてみたかい」「うん、考えたよ」

『新フランス文法事典』には、「原則として lui, leur は人、y は物について用いられる」とあり、9) は J'y ai réfléchi. としなくてはならないと書かれています。ただし続けて consacrer, donner などの一群の動詞については、lui を物に用いることができるとされていて、次の例が挙げられています。

10) **La lune baignait la salle et *lui* donnait une blancheur aveuglante.**

月の光は一面に差し込み、部屋はまばゆいばかりに白かった。

なぜ人称代名詞は、主語と直接目的語のときは人も物もさすことができるのに、間接目的語では人をさす傾向が強く、強勢形ではさらにその傾向が強いのでしょうか。この問題を論じた文法書はあまりないようです。

ここには動詞を中心に表される事態への関わり方の差が関係しています。事態に関わるものを**参与者**（participant）と呼びます。

11) **Paul a encouragé Marie.**　ポールはマリーを励ました。

主語 Paul と直接目的語 Marie はともに事態に深く関わる参与者です。

49

Paul は励ますという行為をした人として、Marie は励ますという行為をされた人として事態の中核をなす意味的役割を担っています。その証拠にこの文は受動文にして、Marie a été encouragée par Paul.「マリーはポールに励まされた」のようにすることができます。

12) Paul a écrit une lettre *à* Marie.　ポールはマリーに手紙を書いた。

　間接目的語 à Marie の事態への関わり方は、主語や直接目的語にくらべて薄いのです。12）で une lettre「手紙」は Paul が書く対象ですが、Marie は単なる宛先にすぎず、ひょっとしたら Paul は手紙を投函しないかもしれません。それでも Marie 宛の手紙を書いたという事態は成立します。

13) Paul a monté une étagère *pour* Marie.

　　　ポールはマリーのために棚を組み立てた。

　この例で pour Marie はもはや事態の直接の参与者ですらなく、取り去っても文の意味は成り立ち、それだけ事態への関わり方の度合いは低くなっています。文の表す事態への関わり方は、次の順番で低くなっているのです。

> 主語＞直接目的語＞間接目的語＞その他の補語

もしこれが正しいとすると、次のことが言えることになります。

> 事態への参与者の関わり方の度合いが高いほど、人称代名詞は人と物
> を区別しない。その度合いが低いほど人称代名詞は人のみを表す。

　さて問題はなぜフランス語にはこのような隠れたしくみがあるのかということです。それはフランス語の事態表現の一般的特性に原因があります。

14) Notre société n'échappe pas à l'empire de la parure. Bien au contraire, le vêtement envahit notre vie.

　　　われわれの社会は服装の持つ呪縛力から逃れることができない。それどころか服装はわれわれの生活の奥深くまで侵入している。

　Le vêtement envahit notre vie. という文は、Les Allemands ont envahi notre pays.「ドイツ人はわが国に侵入した」という文と同じで、le vêtement「服装」は les Allemands「ドイツ人」と同様に侵入する行為者として表現されています。服装は物ですから自分で何かをする力は本来ないので、こ

の表現方法は一種の擬人化と言えるでしょう。人ではないものを人に見立てることで、人と同じ能力を持っているかのように表現しているのです。フランス語は「誰かが何かをする」という能動的表現を好む言語ですので、このような擬人化が高度に発達したと考えられます。主語と直接目的語は動詞の表す事態に最も深く関与しているので、擬人化がいちばん進行しています。ところが間接目的語やその他の補語では、事態にたいする関与の度合いが低くなるために、それほど擬人化が必要とされません。擬人化しないということは、人と物を区別するということですから、間接目的語では lui と y に分化したと考えられます。残る問題はなぜ強勢形がもっぱら人をさすのかということです。

　主語代名詞 je / tu、直接目的格代名詞 le / la、間接目的格代名詞 lui / leur と強勢形には大きなちがいがあります。je や le や lui は動詞といっしょでなくては使うことができませんが、強勢形は動詞から離れて名詞のように単独でも使うことができます。

15) **Qui est le capitaine ?** — [指さして] *Lui.*
　　「キャプテンは誰ですか」「彼」

　この用法で強勢形は必ず人をさします。ここで 1 課（p.40）で述べたことを思い出してみましょう。人称代名詞 il / elle は人をさす記号ではなくコトバを受ける記号だという話です。ところが 15) の例で lui はコトバを受けているのではなく、目の前の人を直接さしています。どうやら他の人称代名詞とは異なり、強勢形は本来人をさす記号だということになります。このために冒頭の問題ではスツールをさして「それに座りなさい」と言うとき、Asseyez-vous sur *lui.* とは言いにくいのでしょう。

　ところがその一方で、Ils voulaient la liberté. Ils ont donné leur sang pour *elle.*「彼らは自由を望んでいた。自由のために血を流したのだ」のように、強勢形が物をさしている例もあるので、一筋縄ではいきません。ここでは elle がさす「自由」が文の表す事態に深く関わっているため、擬人化されていると考えることができるでしょう。

4課　全部か一部か？

— 中性代名詞 en, le の話

||||||||||||||||||||||||||||

問題　次の二つの文は意味がどうちがうか考えてみましょう。

1）Elle a acheté du pain et *l'*a mangé.　彼女はパンを買ってそれを食べた。

2）Elle a acheté du pain et *en* a mangé.　彼女はパンを買ってそれを食べた。

　日本語訳ではちがいが出ませんが、1) は買ったパンを全部食べたという意味になり、2) は買ったパンの一部を食べたという意味になります。1) の直接目的格代名詞 le は du pain の全部を受けますが、2) の中性代名詞 en は du pain の一部しかさしません。このちがいは次のちがいとよく似ています。

3）J'ai peint *les* murs de la cuisine en bleu.　私は台所の壁をブルーに塗った。

4）J'ai lu *des* romans de Balzac.　私はバルザックの小説を読んだ。

　部屋には壁が 4 つありますが、3) の定冠詞のついた les murs「壁」は 4 つの壁を全部ペンキで塗ったという意味になります。一方、不定冠詞のついた des romans「小説」はバルザックの小説全部ではなく、そのうちのいくつかを読んだという意味です。原則として定冠詞は「全部」を、不定冠詞は「部分」を表すのです。ですから定冠詞・不定冠詞という冠詞の呼び方にならって、1) の直接目的格代名詞 le を定代名詞、2) の en を不定代名詞と呼ぶのがよいのではないかと思うのですが、残念ながらこの呼び方はあまり行なわれていません。ぜひ広めたいところです。

　ここでおやと首を傾げた人がいるのではないでしょうか。中性代名詞 en の使い方を学んだときに、直接目的格の le / la / les は「特定の目的語」を受け、中性代名詞 en は「不特定の目的語」を受けると教わったからです。「特定の目的語」とは le soleil「太陽」、ce livre「この本」、ma maison「私の家」のように定冠詞・指示形容詞・所有形容詞で限定されているものをいい、「不特定の目的語」とは des fleurs「花」や du vin「ワ

イン」のように不定冠詞・部分冠詞で限定されているものをいいます。

5）As-tu *ton* passeport ?　— Oui, je *l'*ai.

　　「君は自分のパスポートを持っているかい」「うん、持っているよ」

6）As-tu *des* frères ?　— Oui, j'*en* ai.

　　「君には男の兄弟がいるかい」「うん、いるよ」

　ton passeport「君のパスポート」は一つしかない特定のものですから le で受け、des frères「男の兄弟」は不定冠詞がついているので不特定ですから en で受けます。これはまちがってはいません。

　しかし冒頭の問題文 1）の Elle a acheté du pain.「彼女はパンを買った」では du pain「パン」に部分冠詞がついています。部分冠詞は非可算名詞用の不定冠詞ですから、des frères と同じく不特定のものを表します。だったら不特定のものをうける en を使うべきではないかと考えてしまう人もいるでしょう。実際に私は何度もそのような質問をされたことがあります。

　実はここには現在でも議論の続いている意味論上の難問が隠されているのです。それは談話の進行に従って、初めは不定であったものが定に変わるということです。冒頭の問題 1）に即して説明すると、Elle a acheté du pain.「彼女はパンを買った」の時制は過去ですので、すでに起きた出来事を表しています。すると彼女がどんなパンをどれくらいの量買ったのかは、すでに確定しています。手に取って「これです」と示すこともできるでしょう。Elle a acheté du pain. と言うまでは、彼女がどんなパンをどれくらい買ったのかは聞き手にはわかりません。しかし、Elle a acheté du pain. と言ってしまったら、彼女が買ったパンの種類と量は事実として確定します。つまり最初は不定であったパンが定に変わるのです。「何でもいいからパンをいくらか」という状態から、「ここにあるこれだけのパン」に変身するわけです。するとそのパンの全部をさすには定代名詞が必要になり、Elle *l'*a mangé.「彼女はそれを食べた」となるのです。

　それでは As-tu des frères ? — Oui, j'*en* ai.「君には男の兄弟がいるかい」「うん、いるよ」ではどうして不定が定に変身しなかったのでしょう。そ

れは質問文の As-tu des frères ? が確定した出来事を表していないからで
す。これは疑問文ですので「君に兄弟がいるかい」とたずねただけでは
兄弟がいることにはなりません。「彼女はパンを買った」と言えば、買っ
たパンがあることになるのと対照的です。このため des frères「男の兄弟」
は不定のままで、これを受けるのに不定代名詞の en が必要になります。
このとき en が表している不定の意味とは、「この時点ではまだどの人とも
何人とも確定していないが、とにかく兄弟が何人か」という意味です。

　では次の例はどう考えればよいでしょうか。

7) Il a vendu sa voiture pour *en* acheter une autre.

　　　彼は車を売って別のを一台買った。

　代名詞 en の先行詞は sa voiture「自分の車」ですから、これは不定では
なく定です。en は不特定の目的語を受けるはずではなかったでしょうか。
この例の en を元の名詞に復元すると次のようになります。

8) Il a vendu sa voiture pour acheter une autre voiture.

　en は（une autre）voiture の代理をしているので、確かに不特定の目的
語になっています。一見すると 7) では特定の目的語を受けているように
見えますが、実はそうではありません。

　中性代名詞と呼ばれているもう一つの代名詞に le があります。次のよ
うな使い方をします。

9) Tes sœurs sont célibataires ? — Oui, elles *le* sont.

　　　「君のお姉さんたちは独身かい」「うん、そうだよ」

10) Venez quand vous *le* voulez.　　来たいときに来てください。

11) Savez-vous que Jean s'est marié ? — Non, je ne *le* savais pas.

　　　「ジャンが結婚したって知っていますか」「いや、知りませんでした」

　9) で le は形容詞の célibataires を、10) では動詞の不定形の venir を、
11) では文 Jean s'est marié の意味内容を受けています。この用法では le
は常に男性単数形で性数の変化をしません。これはなぜでしょうか。不思
議に思ったことはありませんか。

　その理由は le が名詞以外のコトバを受ける代名詞だからです。例えば主語人称代名詞 il / elle は名詞を受けますので、un garçon「少年」なら il、une fille「少女」なら elle のように、受ける名詞と性数を一致させる必要があります。しかし形容詞や動詞の不定形などには文法的性がありません。確かに形容詞は性数の変化をしますが、それは形容詞固有の性数ではなく、形容詞が修飾している名詞の性数に一致させているにすぎません。性がないとき、あるいは決められないときは中性扱いにしますが、フランス語では中性の特別な印はないため、男性として扱います。ですから le はいつでも男性形なのです。ここで次のような疑問を抱く人がいるかもしれません。

12）**Ils sont étudiants ? — Oui, ils *le* sont.**

　　「彼らは学生ですか」「ええ、そうです」

13）**Elles sont étudiantes ? — Oui, elles *le* sont.**

　　「彼女らは学生ですか」「ええ、そうです」

　12）では le は名詞 étudiants「男子学生」を、13）では étudiantes「女子学生」を受けています。名詞には性と数があり、12）では男性複数形、13）では女性複数形なのに、それを受ける代名詞は常に男性単数の le なのはおかしいではないかという疑問です。もっともな疑問でしょう。

　フランス語文法では動詞 être の次に来る名詞や形容詞を**属詞**（attribut）と呼びます。属詞の場所に置かれた名詞は人や物をさすことがなく、性質を表し形容詞化しています。その証拠に 12）13）では étudiants / étudiantes に冠詞がついていません。属詞位置の名詞は人や物をさすという名詞本来の機能を失っており、言語学ではこれを名詞の**非指示的用法**と呼んでいます。人や物をささないということは、単なるコトバとして用いられているということです。étudiants / étudiantes のように性数変化しているのは、形容詞と同じように主語と機械的に一致しているにすぎません。コトバとして使われているために、本来ならば名詞の向こう側にいるはずの人や物とは関係なく、名詞の意味内容のみが働いており、そのために常に男性単数形の le になるのです。

5課　目の前にある物をどうさすか

— 指示代名詞 ça, celui-ci

問題　（　　）にどんな代名詞を入れればよいか考えてみましょう。

1）［ライター briquet をさして］

C'est à toi,（　　）?　これ、君のですか？

2）［店で2種類のセーター pull を見比べて］

Je prends（　　）.　これいただきます。

　すでにお話したように、強勢形を除く人称代名詞には目の前の物をさす
働きはありません。目の前の物を直接さすのには、もっぱら指示代名詞が
使われます。日本語では「これ」「それ」「あれ」に相当します。フランス
語では性数変化のない ceci / cela / ça と、性数変化のある celui / celle の2
系統の指示代名詞があります。性数変化のないほうの指示代名詞は、日常
会話ではほとんど ça だけが使われています。すると冒頭の問題は ça を使
うかそれとも celui を使うかという問題です。答えを言うと、どちらも使
うことはできますが、1）では ça が好まれ、2）では celui-ci が好まれます。
どうしてでしょう。これがこの課で考えてみたい問題です。

　まず ça についておさらいをしておきましょう。ça は性数変化がなく
もっぱら物をさす代名詞です。Ma femme, *ça* bavarde trop.「うちの家内は
あれはおしゃべりが過ぎる」のように ça で人をさすと、軽蔑的なニュア
ンスを帯びるので避けるべきだとされています。唯一の例外は Un enfant,
ça salit tout.「子供というのは何でも汚してしまう」のように、ça が総称
的な名詞を受けている場合です。総称的な場合は人というより概念をさし
ていますので、このような使い方が可能になります。

　この章の2課（p.44）でお話したように、コピー機について Elle ne
marche plus.「これはもう動かない」のように elle を使うことができるの

は、物があらかじめ une photocopieuse「コピー機」としてカテゴリー化されているからです。逆に言うと性数変化のない ça はカテゴリー化されていない物をさすことになります。ですから名前がわからずカテゴリー化できない物をさすときに、Donnez-moi *ça.*「これください」と指さしながら使うことができます。ça が人をさせない理由はここにあります。人はあらかじめヒトとしてカテゴリー化されており、男性と女性の区別もされていますので、あえて ça を用いると人をまるでカテゴリー化されていないものの扱いすることになり、結果的に軽蔑的ニュアンスが生まれるのでしょう。

　これも 2 課でお話したように、目の前の機械を une photocopieuse「コピー機」とカテゴリー化するには、はっきりとそう口に出す必要はありません。頭の中でそう意識するだけでかまわないのですが、コピー機をいきなり elle でさすことができるためには、聞き手も誤解なく elle が目の前の機械をさしていることが了解できるような状況でなくてはなりません。たとえばその場にいる人全員が、コピー機を見守っているというような状況です。冒頭の問題 1）では、いきなりライターをさしながら「これ、君のですか」とたずねているので、聞き手は前からライターに意識を向けていたわけではありません。あらかじめカテゴリー化がなされているとは考えにくい状況です。そのような場合には、カテゴリー化を前提としない ça を用いる方がよいのです。

　一方、問題 2）はお店で店員さんにセーターを 2 種類見せてもらっているという状況です。店員もお客もセーターを選んでいることが明白な場面ですので、目の前の物はすでに頭の中でカテゴリー化されていると考えられます。お客はこの前に Je peux regarder des pulls ?「セーターを見せてもらえませんか」と、はっきり pull「セーター」という単語を口にしているとも考えられます。このような場合には、物がカテゴリー化されていることを前提とする celui 系統の代名詞を用いて、Je prends *celui-ci.*「これいただきます」と言う方が好まれるのです。pull「セーター」は男性名詞ですので、男性形の celui を用います。

このように ça はカテゴリー化を前提とせずに物をさす記号で、celui 系統はカテゴリー化を前提としてコトバを受ける記号なのです。

　しかしこのようにまとめると首を傾げる向きもあるかもしれません。次の例では ça はコトバを受けているように見えるからです。

3）Un chien, *ça* aboie.　犬はワンワン吠える。

4）Arriver là avant cinq heures, *ça* me paraît difficile.

　　　5時までにそこに着くのは難しそうだ。

　3）では ça は un chien という名詞を受けているように見えますし、4）では arriver là avant cinq heures という動詞の不定形プラス補語を受けているように見えます。確かにそう見えるのですが、この受け方はたとえば un garçon「少年」を il で受けるのとはちがいます。un garçon を il で受けるときは、un garçon という名詞の［男性／単数］という意味素性に基づいています。ですから un garçon と il のテクスト上の距離がかなり長くても、その間に他の男性単数名詞がなければ受ける働きは成り立ちます。しかし ça の場合はそうではありません。ça は受ける相手が3）4）のように文中のすぐ前にあるのが原則です。ça には性数の手がかりがありませんので、もっぱら近い所にあるものをさします。これは話し手の近くにあるものを「これ」でさすのと同じです。つまり ça は見かけとは異なり、コトバを受けているのではなく、文を一種の現場のように見なして、近い所にあるものをさしているのです。

　それでは Je prends *celui-ci*.「これいただきます」と言うときに、celui にくっついている -ci は何でしょうか。この問題を考えてみましょう。

　性数変化のある指示代名詞 celui / celle / ceux / celles を学んだとき、この系列の指示代名詞は単独では使うことができず、後に何か補足語を必要とすると習っているはずです。

5）Mon ordinateur est plus vieux que *celui* de Paul.

　　　私のコンピュータはポールのよりも古い。

6）Je voulais acheter un portable. Finalement, j'ai choisi *celui* que tu

m'avais recommandé.

私は携帯電話を買いたかった。結局、君が推薦してくれたのを選んだ。

5) では celui には de Paul という補足語が、6) では que tu m'avais recommandé という関係節が補足として付いています。×J'ai choisi *celui*. だけでは正しい文にはなりません。これはなぜでしょう。

celui 系列の指示代名詞はコトバを受ける記号です。5) でしたら Mon ordinateur est plus vieux que *l'ordinateur* de Paul.「私のコンピュータはポールのコンピュータより古い」という文が下敷きにあります。もしここで補足語の de Paul を取ったらどうなるでしょう。Mon ordinateur est plus vieux que *l'ordinateur*.「私のコンピュータはコンピュータより古い」となって意味をなさなくなってしまいます。5) では「私のコンピュータ」とどれか別のコンピュータとを比較しているのですから、どのコンピュータかをはっきり示す必要があります。それを示すためには、「君のコンピュータ」とか「父が先日買ったコンピュータ」とか何かを付けなくてはなりません。ですから celui 系列の代名詞には補足語が必要なのです。

celui に付く -ci / -là は、ce livre-ci「この本」ce livre-là「あの本」のように、話し手からの遠近を表す直示的な記号です。ですからあるセーターを指さして Je prends *celui-ci*.「これいただきます」と言うときには、別のセーターである celui-là「あれ」も当然視野にあります。ここでは -ci / -là が補足語として働いているのですが、その区別の基準は現場指示的です。つまり -ci / -là は何かを受けているのではなく、目の前の物をさしているのです。ここで celui-ci の働きのハイブリッド的性格がはっきりします。celui は pull「セーター」という名詞を受けていますが、-ci は目の前の物をさしています。2課からずっと、代名詞には「受ける」働きをするものと「さす」働きをするものがあるとお話してきました。celui-ci は「受ける」と同時に「さす」働きをする珍しい代名詞なのです。ふたつの働きを兼務することで、celui-ci は一度登場した名詞を受けつつも、そのつど新しい対象をさすことを可能にしているのです。

6課　この人はフランス人です

— C'est un Français. と Il est français. はどうちがう？

║║║║║║║║║║║║║║║║║║║║║║║║║║║║

問題 　（　　）に適切な代名詞を入れてみましょう。

1）Qui est cet homme ? —（　　）est le fiancé de ma sœur.

　　「あの男の人は誰ですか」「姉の婚約者です」

2）Que fait cet homme ?

　　—（　　）est professeur de maths au lycée Descartes.

　　「あの男の人は何をしているのですか」「デカルト高校で数学の教師をしています」

　　答は 1）C' 2）Il です。1）のように疑問詞 Qui「誰」による疑問文には c'est で答えるのが原則です。2）は職業をたずねる疑問文ですが、この場合は il est で答えます。1）と 2）にはもう一つちがいがあります。1）では属詞 le fiancé de ma sœur「姉の婚約者」には定冠詞 le が付いています。これは省くことができませんので、省いた×C'est fiancé de ma sœur. は非文法的になります。一方、2）の属詞 professeur de maths au lycée Descartes「デカルト高校の数学の教師」には冠詞が付いていません。もし定冠詞を付けて Il est *le* professeur de maths au lycée Descartes. とすると、非文法的にはなりませんが、デカルト高校には数学教師が一人しかいないことになります。一人しかいないのが当たり前の職業の場合は、例えば Il est le consul de France à Bagdad.「彼はバグダッド駐在のフランス領事です」のように定冠詞を付けます。どうして 1）では答の文の主語が指示代名詞 ce で、2）では人称代名詞 il になるのでしょうか。ce と il の使い分けはどんな原理に基づくのでしょう。

　　« A est B » のように主語 A と属詞 B を結ぶ働きをするとき、動詞 être をコピュラ（copule）と呼び、« A est B » をコピュラ文といいます。コピュラ文は見かけの単純さとは裏腹に、とても複雑な意味を伝える働きを

60

しています。ここではコピュラ文を 3 種類に分類して考えてみます。

　第一は Jean est grand.「ジャンは背が高い」のように、主語 Jean の性質・身分・職業などを述べる文で、言語学では記述文と呼ばれています。主語 Jean は特定の人をさしているので**指示的**といいます。この文は主語の性質を述べていて、Jean est grand. では属詞は形容詞です。このタイプの文で属詞が国籍・職業などを表す名詞のとき、属詞名詞の冠詞を省くのはご存じでしょう。

3) Jean est { étudiant / français / père de deux enfants }.

　　　ジャンは {学生 / フランス人 / 2児の父 } です。

　属詞名詞に冠詞がないということは、属詞名詞が形容詞化していることを示しています。記述文の主語を代名詞にするときは、il / elle を用います。

4) Il est { étudiant / français / père de deux enfants }.

　　　彼は {学生 / フランス人 / 2児の父 } です。

　冒頭の問題 2) の答が il で、professeur de maths au lycée Descartes が無冠詞なのはこのような理由によるのです。

　コピュラ文の第二のタイプは、正体のわからない人や物の正体をたずねる疑問文にたいする答になります。

5) Qui est cet homme ?

**　─ Cet homme est le vice-président du Ministère des Finances.**

　「あの男の人はだれですか」「あの男の人は財務省の副大臣です」

　5) の答の主語 cet homme は特定の人をさしているので、指示的ではありますが正体がわかっていません。属詞の le vice-président du Ministère des Finances はその正体を明かす情報になっています。このタイプのコピュラ文を**同定文**と呼び、主語を代名詞に変えるときには ce が用いられます。

6) Qui est cet homme ?

**　─ *C'est* le vice-président du Ministère des Finances.**

　質問の方の Qui est cet homme ? も同定文ですので、cet homme を代名詞に置き換えると Qui est-ce ? となります。問題 1) で答が C'est le fiancé de ma sœur. になるのは、この文が同定文だからなのです。

コピュラ文の第三のタイプは次のような文です。

7) **Qui est le capitaine de ce bateau ?**

— Le capitaine de ce bateau est { M. Durand / cet homme-là }.

「この船の船長は誰ですか」「この船の船長は { デュラン氏 / あの男の人 } です」

この文の主語 le capitaine de ce bateau「この船の船長」は、記述文や同定文の主語のように特定の人をさしている指示的名詞句ではありません。船には必ず船長がいるはずだという想定に基づいて、それは誰かとたずねているのです。このとき le capitaine de ce bateau「この船の船長」という名詞は特定の人をささない**非指示的**名詞句と呼ばれます。非指示的名詞句とは、たとえて言えばまだ中身の入っていない空の箱のようなものです。7) の疑問文はこの空の箱の中身をたずねていて、答は空の箱の中身を与えています。このようなコピュラ文を**指定文**と呼びます。指定文の主語を代名詞に置き換えるときは必ず ce が用いられます。

8) **Qui est le capitaine de ce bateau ? — C'est { M. Durand / cet homme-là }.**

ここまでをまとめると次のようになります。

文タイプ	主語の指示性	主語代名詞の選択
記述文	指示的	il / elle
同定文	指示的	ce
指定文	非指示的	ce

これを見る限りコピュラ文では、指示的であり正体もわかっている人にしか人称代名詞 il / elle を使うことができないようです。ただし、これはコピュラ文という特殊な文型に限って成り立つことです。2 章 1 課（p.40）で Aucun écrivain ne peut s'imaginer qu'il a inventé le roman.「いかなる小説家といえども自分が小説を発明したなどと思い込むことはできない」という例文をあげて、il はコトバを受ける記号なので、aucun écrivain のように指示対象がない場合でも使うことができるという話をしました。この例文で aucun écrivain は指示的でもなく正体もわかっているとは言えません。

でも il を使うことができるのは、この文がコピュラ文ではないからです。

　ここまでは名詞が人をさしている場合だけを見てきましたが、物をさしている場合でも原則は同じです。

9) Qu'est-ce que c'est ? — *C'est* un ordinateur du dernier modèle.

「これは何ですか」「最新型のコンピュータです」

10) Comment est ton nouvel appartement ?

— *Il* est spacieux et bien ensoleillé.

「君の新しいアパルトマンはどうだい」「広くて日当たりがいいよ」

　9) は物の正体をたずねる同定文で ce で答えます。10) は物の性質をたずねる記述文ですので il で答えます。指定文については次の課で扱います。

　コピュラ文での il と ce の使い分けは原則として左の表のようになっているのですが、すこし微妙なケースについて見ておきましょう。

11) À qui est ce vélo ? — *Il* est à moi.　　「この自転車は誰のですか」「私のです」

12) Prends ce stylo. *C'est* le tien.

この万年筆を取っておきなさい。君にあげるよ。

　両方とも所有関係を表す表現ですが、11) の〈être à...〉は記述文扱いに、12) の〈être ＋ 所有代名詞〉は同定文扱いになります。

　また人の正体をたずねる文は同定文なので、Qui est-ce ? のように ce を用いると述べました。ところが実際には Qui est-il ? も見かけます。

13) Je me demande qui il est vraiment.　　あの男はほんとうに誰なんだろう。

14) Nicolas Sarkozy, qui est-il ?　　ニコラ・サルコジとは何者か。

　13) では Qui est-il ? が se demander による間接疑問文になっています。ここでは il でさされた人の正体はいちおう分かっているのですが、それを改めて疑問視しています。14) も同じでサルコジがフランス大統領だということは誰でも知っています。しかしその常識をいったんご破算にして、ほんとうはサルコジとは何者なのかとあらためて問いかけているのです。このように一応正体がわかっていれば il が使えるのですが、その正体をさらに深く追求する文脈では Qui est-il ? が使われるようです。

7課　フランスの首都はどこですか？

— 属詞をたずねる quel 疑問文

問題　（　　　）に適切な疑問詞を入れてみましょう。

1）（　　　）**est la capitale de la France ?**　フランスの首都はどこですか。

2）（　　　）**est votre nom ?**　あなたのお名前は何ですか。

3）（　　　）**est le prix de ce tableau ?**　この絵の値段はいくらですか。

　答は 1) Quelle　2) Quel　3) Quel で、すべて疑問形容詞の quel を用います。1) の日本語の「どこ」を直訳して Où est la capitale de la France ? とすると、答は「北緯 49 度、東経 2 度」とか、「フランス北部でセーヌ川のほとり」のように地理的位置を答える質問になります。つまり Où est Paris ? と同じになってしまうのです。2) は「何」に引きずられて Qu'est-ce que votre nom est ? とするとこれもまちがいです。名前は que / qu'est-ce que でたずねることはできないのです。3) も combien「いくら」でたずねることはできません。Combien coûte ce tableau ?「この絵はいくらするのですか」という疑問文では combien が使えるのにどうしてだめなのでしょう。

　動詞 être の次に来る名詞・代名詞・形容詞をフランス語文法で**属詞**（attribut）と呼ぶことはすでにお話しました。次のようにさまざまな語句が属詞になることができます。

4）**Jean est *gentil*.**　［形容詞］ジャンは親切です。

5）**Paul est *pianiste*.**　［無冠詞名詞］ポールはピアニストです。

6）**C'est *un ordinateur*.**　［不定名詞句］これはコンピュータです。

7）**Le directeur de ce club est *M. Perrin*.**
　　［固有名詞］このクラブの会長はペランさんです。

8）**C'est moi.**　［代名詞］それは私です。

　この章の 6 課（p.60）ではコピュラ文の意味分類を扱いました。その分

類に基づくと 4）と 5）は記述文、6）は同定文、7）と 8）は指定文です。この課では指定文に焦点を当てて見ることにします。6 課で述べたように、指定文とは次の答のようなコピュラ文をいいます。

9）**Qui est le capitaine de ce bateau ?**

— Le capitaine de ce bateau est M. Durand.

「この船の船長は誰ですか」「この船の船長はデュラン氏です」

答の文の主語 le capitaine de ce bateau「この船の船長」は非指示的名詞句でした。非指示的名詞句とはいわば中身の入っていない空の箱のようなもので、「この船の船長」というラベルだけが貼ってあるのです。答の述語 M. Durand はその箱に入れる中身に相当します。

ここで冒頭の問題を振り返ってみると、これらはすべて指定文だということがわかります。1）ではフランスには当然首都があるはずなのですが、それがどこかわからないので質問しています。2）でもあなたには名前があるはずですが、知らないのでたずねています。3）も画廊での会話なら絵には値段があるはずで、それを聞いているのです。1）〜 3）の la capitale de la France, votre nom, le prix de ce tableau はすべて非指示的名詞句で、1）〜 3）はその中身をたずねる指定文になっています。

9）のように人が問題になっている場合には、指定文の属詞をたずねるときには qui を用います。そして物の場合は疑問形容詞 quel が使われるのです。冒頭の問題 1）〜 3）でたずねているのは 1）では地名（場所）、2）では名前、3）では価格（数字）とまちまちですが、すべて「ラベルが貼ってある空の箱の中身」という意味で共通しています。ちなみに人の場合でも、Quel est votre pire ennemi ?「あなたの一番の敵は誰ですか」のように quel で聞くこともできます。次も指定文の例です。

10）*Quelle* est la plus haute montagne du monde ?

世界でいちばん高い山は何ですか。

11）*Quelle* est la longueur de ce tunnel ？　このトンネルの長さはいくらですか。

それでは Où est la capitale de la France ? の答が「パリ」にならず、「北

緯 49 度、東経 2 度」になるのはなぜでしょう。ものがどこにあるかということは性質の一つと見なされるので、où によって場所をたずねる疑問文は指定文ではなく記述文です。記述文の主語は必ず指示的で特定のものをさします。空の箱であってはいけないのです。ですから主語 la capitale de la France はパリをさすと解釈され、結局 Où est Paris ? と同じ質問になってしまうというわけです。

　価格や長さなどの数字をたずねる質問には combien を用いますが、それは動詞がコピュラでないときに限られます。

12）**Combien coûte ce tableau ?**　この絵はいくらしますか。

13）**Combien fait ce tunnel de long ?**　このトンネルの長さはいくらですか。

　冒頭の問題 3）で combien を用いることができないのは、この文がコピュラによる指定文だからなのです。

　ただし、コピュラによる指定文の疑問文には必ず quel を用いますが、逆に quel による疑問文が全部指定文だとは限りません。

14）**Quel est cet animal ?**　これは何という動物ですか。

　この文は動物の正体をたずねている同定文ですので、Qu'est-ce que c'est, cet animal ? という疑問文と同じと考えられます。しかし少し見方を変えると、目の前の動物に与えるべき分類名がわからないという状態は、空の箱に入れる中身がない状態とよく似ています。もしこの見方が正しければ、14）は実は同定文ではなく指定文だということになりますが、ここでは断定を避けてそうとも考えられるということに留めておきます。

　quel によるコピュラ指定文の答には c'est を用います。

15）*Quelle* **est la capitale de la France ?　— C'est Paris.**
　　「フランスの首都はどこですか」「パリです」

16）*Quel* **est votre rêve ?　— C'est d'être acteur.**
　　「あなたの夢は何ですか」「俳優になることです」

　6 課でお話したように指定文の主語に使う代名詞は ce ですので、これは当然のことと言えるでしょう。ただし答が価格や長さのような数字のと

きには、c'est による答は避ける傾向があるようです。数字だけを答える
か mesurer, coûter などの動詞を使います。

17）*Quelle* est la hauteur de la tour Eiffel ？ — Elle mesure 320m.
「エッフェル塔の高さはいくらですか」「320 メートルです」

さて、少し話題が変わりますが、みなさんは疑問形容詞 quel に定冠詞
le, la, les をくっつけると、lequel, laquelle, lesquels, lesquelles という疑問
代名詞になることを知っているでしょう。こちらはいくつかある候補のな
かから「どれ」「どの人」をたずねるときに使います。

18）*Lequel* de ces livres as-tu lu ？ この本のうちどれを読みましたか。

19）*Laquelle* gagnera, Rose ou Marie ？
ローズとマリーのどちらが勝つでしょうか。

ここで 1 章 5 課（p.24）で定冠詞の話をしたときに、「定冠詞にはそれを
支える枠組みが必要だ」と述べたことを思い出してください。quel には
枠組みはありません。ですから Quel est votre nom ？「お名前は何ですか」
という疑問文では、答を定まった名前のリストの中から選べという含みは
ありません。どんな名前でもかまわないのです。ところが quel の頭に定
冠詞を付けて lequel とすると、とたんに枠組みが必要になります。18）で
はこの枠組みは ces livres「これらの本」で、19）では「ローズとマリー」
が枠組みになっています。この「範囲が決められた集合」が lequel の中
に含まれた定冠詞の枠組みとして働くのです。定冠詞を支える枠組みはこ
んなところにも隠されているわけです。

おもしろいことに何の枠組みもない疑問文の場合、人は qui「誰」で物
は qu'est-ce qui / qu'est-ce que「何」のように人と物の区別があります。
これは人と物とでは異なるカテゴリー化を前提とするためです。ところが
lequel は人にも物にも区別なく使うことができます。これは lequel によ
る疑問文がカテゴリー化を要求する疑問文、たとえば物ならば物の名前を
答えるものではなく、すでにカテゴリー化が終わっている対象の集合から
「どれであるか」をたずねる疑問文だからです。

「シソーラス」を使ってみよう！

　フランス語の勉強を始める人がまず買うのは学習仏和辞典です。学習辞典とは、特殊な専門用語や古い単語を省いて語彙の数を絞り、語義も専門的語義や古い意味を捨てて、初学者に必要なものだけを見やすい形に配列したものを言います。もう少し勉強が進んだり、仕事や研究のためにレベルの高い辞書が必要になったら、語彙数の多い中辞典や大辞典に乗り換えることも必要になるでしょう。

　日本で仏仏辞典と呼ばれているのは、フランスで作られた国語辞典に当たるもので、語義解説なども含めてすべてフランス語で書かれているものです。仏仏辞典を使う必要があるのはどんな場合でしょうか。この問に答えるためには、仏和辞典と仏仏辞典の根本的なちがいを理解する必要があります。

　仏和辞典はフランス語の見出し語に日本語の「訳語」を掲載しています。訳語とは、見出し語のフランス語の単語に一番近い日本語の単語のことです。ここで「見出し語のフランス語に対応する日本語の単語」と書かなかったことに注意してください。必ずしもぴったり対応する訳語がないこともあるからです。フランス語の chien は日本語の「犬」に対応するとしてまちがいはないでしょう。でも仏和辞典では cabillaud にも morue にも「鱈」という訳語が当てられていますが、単語がちがうのですから鱈の種類も当然ちがうはずです。昔の仏和辞典ではこういうときには「鱈の類」として逃げたものです。魚種は国によってずいぶんちがいがあり、ぴったり対応する訳語を得るのはむずかしいのです。

　抽象的な概念を表す単語になると、いっそう困難は増します。私が授業をしていて困ったのは nation という単語です。ポール・ヴァレリー（Paul Valéry）の文章に次のようなものがあります。

Ce n'est jamais chose facile que de se représenter ce qu'on

nomme une nation. Les traits les plus simples et les plus forts échappent aux gens du pays, qui sont insensibles à ce qu'ils ont toujours vu.

　学生の多くは nation を「国」とか「国民」と訳してしまうのです。『ディコ仏和辞典』（白水社）ではどうなっているかと見てみると、確かに「国民、国、国家」となっています。でもこれではヴァレリーの文章の意味はうまく解釈できません。仏仏辞典が活躍するのはこんな時です。ラルース社の Lexis の nation の項目には次のように書かれています。

Grande communauté humaine, installée en général sur un même territoire ou dans des territoires dépendants et qui se caractérise par des traditions convergentes et par une unité linguistique ou religieuse. La nation se distingue de l'Etat（=forme d'organisation institutionnelle）et du peuple（=ensemble des individus appartenant à une communauté）par ses bases historiques et culturelles, mais, dans l'usage, les mots sont souvent équivalents.

　「通常、同一領土か付属する領土に住んでいる人間の集団で、共通する伝統を持ち同じ宗教や言語を持つものを言う。nation は Etat（制度としての組織体）や peuple（共同体に属する人間集団）とは別のものであり、それを特徴づけるのは歴史と文化という基盤である。しかし実際に用いられるときには、これらの単語はしばしば同じ意味で使われることがある。」

　Etat は「国家」、peuple は「国民」で、nation はこれとはちがうとはっきり書かれています。同じ宗教と言語を持ち、共通の歴史で結ばれている人間集団は「民族」です。だから nationalisme は「民族主義」と訳されるのです。

　仏仏辞典の特色がこれでおわかりでしょう。仏仏辞典は「訳語」ではな

く、「定義」を述べています。単語の定義を知り、その単語が意味の近い他の単語とどのように異なる用い方をされるかを知りたいときに、仏仏辞典は役に立つのです。

　もうひとつあまり使う人がいないけれど、とても便利な辞書を紹介しておきましょう。シソーラスと呼ばれる辞書です。英語では thesaurus と綴り「宝庫」という意味です。広辞苑でシソーラスを引くと、「語を意味により分類・配列した辞典の一種。分類語彙集」と書かれています。でもこれではシソーラスの特色がよく伝わりません。シソーラスは森羅万象を意味のグループに基づいて並べたもので、類語辞典であると同時に連想辞典でもあります。私が愛用しているのはラルース社の Thésaurus : Des mots aux idées, Des idées aux mots という辞書です。

　どういうときに使うか例をあげてみましょう。例えば「飲む」が boire であることは知っていて、他の言い方があるか知りたいとします。Boisson という項の中の boire を見ると、siroter「ちびちび飲む」、goûter, déguster「味わって飲む」、boire sec「酒をストレートで飲む」、boire comme un Polonais「大酒を食らう」、se rincer la gorge「喉を潤す」などが見つかります。シソーラスとはこのように、ある概念（ここでは「飲む」）を中心とする一種の類語辞典なのです。実は p.134 のコラムに書いた動物の鳴き方のいろいろな言い方もこの辞書で見つけたものです。Animaux「動物」の項目にちゃんと Cris et bruits d'animaux があります。もうひとつの便利な使い方は、語と語の結合関係を知りたいときです。例えば「叫び声をあげる」で「叫び声」が cri ということを知っているとき、この辞書を引くと、pousser / lancer / lâcher un cri と出ていて、「あげる」に当たる動詞がこの三つであることがわかります。フランス語の文章を読む時よりも、書く時に役に立つ辞書だと言えるでしょう。

3章
時間をあらわす：時制の話

フランス語は時制の豊かな言語で、直説法だけで8つの時制があります。時制のしくみを理解することは、フランス語をマスターする鍵ですが、時制が少ない日本語を話す私たちにはかんたんなことではありません。なかでも用法の多様さから学習者を悩ませるのが半過去でしょう。Il était célibataire.「彼は独身だった」は、過去において彼は独身であったということを意味しますが、Ah, j'oubliais.「ああ、忘れるところだった」は、忘れそうになったが実際には忘れなかったという意味です。なぜこのようにちがう意味になるのかを理解するには、まずフランス語の時制の全体像を把握しなくてはなりません。本章では時制を現在を中心とするグループと過去を中心とするグループの二つに分けて考えることで、時制をめぐるさまざまな謎を考えてみたいと思います。

1課　時間をめぐるふたつのゾーン
— フランス語時制の全体像

▮▮▮▮▮▮▮▮▮▮▮▮▮▮▮▮▮▮▮▮

[問題]　次の直接話法を間接話法にしたとき、動詞の時制がどう変わるか考えてみましょう。

1) **Paul a dit : « Je suis fatigué. »**　ポールは言った。「僕は疲れた」
   → Paul a dit qu'il（　　）fatigué.

2) **Marie dira : « J'en ai ras le bol. »**　マリーは言うだろう。「うんざりだわ」
   → Marie dira qu'elle en（　　）ras le bol.

答は 1) était　2) a です。1) は主節の Paul a dit が複合過去なので、発言内容に含まれた動詞は時制の一致を起こして過去にずらされます。現在形は過去方向にずらすと半過去になります。一方、2) では主節 Marie dira は単純未来形ですので、時制の一致は起きず、従属節の動詞は直接話法と同じ現在形のままです。もしここで未来方向に時制の一致を起こして、Marie dira qu'elle en *aura* ras le bol. としたら意味がすっかり変わってしまいます。発話時を t_0 とし、dira の表す未来の時点を t_1 とすると、aura の表す時点 t_2 はさらに未来になり、$t_0 < t_1 < t_2$ という関係になります。つまり、「将来私はうんざりするだろうとマリーは言うだろう」という意味になり、もとの文とは意味がちがってしまいます。過去方向には時制の一致が起きるのに、どうして未来方向には起きないのでしょうか。

　主節が過去時におかれた従属節の時制の一致については、ふつう次のように教えられています。

3) 現在　→　半過去

Paul a dit : « Ça ne *marche* pas. »　ポールは言った。「うまく行かないな」
→ Paul a dit que ça ne *marchait* pas.

ただし従属節が発話時の現在においても成り立つ事柄を表している

72

ときは、一致を起こさず現在形のままのこともあります。たとえば Les anciens Egyptiens savaient que la Terre *est* ronde.「古代エジプト人は地球が丸いことを知っていた」などがそれです。

4）複合過去　→　大過去

　　Paul a dit : « J'*ai fini* mes devoirs. »　ポールは言った。「僕は宿題を済ませた」

　　→ Paul a dit qu'il avait fini ses devoirs.

5）単純未来　→　条件法現在

　　Paul a dit : « J'*irai* à Paris demain. »　ポールは言った。「明日パリに行く」

　　→ Paul a dit qu'il *irait* à Paris le lendemain.

6）前未来　→　条件法過去

　　Paul a dit : « Je *serai* revenu avant midi. »

　　　　ポールは言った。「昼までには戻っている」

　　→ Paul a dit qu'il *serait revenu* avant midi.

　ところが文法書のほとんどは直説法の残りの時制、半過去・単純過去・前過去については沈黙しています。この三つの時制は時制の一致を起こすのでしょうか。この疑問に答えるためには、フランス語時制の全体像を示し、時制の一致という現象がそのなかでどのような働きをしているかを考えなくてはなりません。ここでは次の全体像を示しておきましょう。

左から右に続く長い矢印は時間の流れを表しています。また過去未来とは条件法現在のことで、過去前未来とは条件法過去のことです。

図で zone 1 に含まれているのは、発話時の現在 t_0 を中心とする時制群です。これらの時制は現在に視点をおいて眺めた出来事を表します。たった今起きている出来事は現在形で表し、現在から見た過去の出来事は複合過去形で表します。また未来方向を見たときには、単純未来形と前未来形が用いられます。zone 2 に含まれているのは、過去のある時点（t_1 としておきます）に視点を移動させて、t_1 から眺めた出来事を表します。そのとき起きている出来事は半過去形で、それ以前の出来事は大過去形で、t_1 から見て未来に起きる出来事には過去未来形と過去前未来形が用いられます。

　この全体像をもとにして考えると、いろいろなことが明らかになります。まず zone 1 と zone 2 における時制群の配置は同じですので、zone1 をはさみで切り取って zone 2 の上に重ねるとぴったり重なります。重なり合うのは、現在と半過去、複合過去と大過去、単純未来と過去未来、前未来と過去前未来ですから、これは 3）〜 6）で見た従属節における時制の一致そのものであることがわかります。つまり時制の一致は一つ一つつばらばらに起きているのではなく、zone 1 をまるごと zone 2 の位置に重ねるという視点の過去への移動の結果生じるものなのです。

　p.73 の図はもう一つ重要なことを示しています。それは未来は独立した zone を作らないということです。私たちは時間について話すとき、過去・現在・未来と区分して話すことが多いので、何となく現在を中心として過去と未来が両側にあるようにイメージするのがふつうですが、フランス語の時制に関する限りそのイメージは当てはまりません。未来時制というのはほんとうに未来時を表すのではなく、現在から見た単なる予測や予想を表しているにすぎないのです。このように考えれば冒頭の問題について提示した「なぜ未来方向には時制の一致が起きないか」という疑問に答えることができます。過去方向への時制の一致は、zone 1 から zone 2 へと視点を切り替えることでした。ところが未来方向に視点を切り替えようにも、zone 1 の右側には独立した zone はありません。このために未来方向への時制の一致は起きないのです。

　先の図からわかるもう一つの重要なことは、半過去は時制の一致を起こさないということです。

7）Paul a dit : « J'*étais* occupé quand tu m'as téléphoné. »

　　ポールは言った。「君が電話してきたとき、僕は忙しかった」

　→ Paul a dit qu'il *était* occupé quand je lui avais téléphoné.

　この例の直接話法の半過去形 étais は間接話法に変えても半過去のままです。p.73 の図を見ると、半過去は zone 2 の中心を占める時制です。半過去がもし時制の一致を起こすのなら、zone 2 からさらに過去方向に視点を移動させる必要があります。ところが zone 2 の左側にはもう独立した zone はありません。ですから zone 2 からさらに過去方向に視点を移動させることはできず、その結果、半過去は時制の一致を起こさないことがわかります。

　では単純過去と前過去はどうでしょうか。単純過去は直接話法では使いにくいのでちょっと工夫してみました。

8）L'empire *s'effondra* à cause de l'invasion de barbares.

　　帝国は蛮族の侵入によって瓦解した。

　→ Cet historien écrivit que l'empire *s'effondra* à cause de l'invasion de barbares.　　この歴史家は、帝国は蛮族に侵入によって瓦解したと書いた。

　単純過去は従属節に置かれても時制の一致を起こしません。前過去も同様です。そもそも単純過去と前過去は、フランス語時制の全体像を表す p.73 の図に含まれていません。その理由は、単純過去が発話時 t_0 を起点として用いられる時制ではないからです。すでに述べたように時制の一致とは、発話時 t_0 に視点を置く zone 1 から過去時 t_1 に視点を置く zone 2 への切り替えです。単純過去は歴史・小説・物語などでもっぱら用いられ、発話時 t_0 と断絶した世界を描く時制です。ですからそもそも p.73 の図に場所を占めることができません。このような埋由で単純過去と前過去は時制の一致とは無縁な時制となっているのです。

2課　点と線
— 複合過去と半過去の話（1）

▮▮▮▮▮▮▮▮▮▮▮▮▮▮▮▮▮▮▮▮▮▮

[問題] （　　）の不定形を複合過去か半過去のどちらかにしてみましょう。

1）Paul（arriver）à la gare. Le train（partir）.
　ポールは駅に到着した。列車は発車しようとしていた。

2）Jean（sortir）quand le téléphone（sonner）.
　電話が鳴ったとき、ジャンは出かけるところだった。

3）Le train（siffler）longuement. On（arriver）au terminus.
　列車は長々と警笛を鳴らした。終着駅に着いたのだった。

　日本語訳の意味にしようとすれば、1) の正解は est arrivé / partait です。もし両方とも複合過去にして Paul *est arrivé* à la gare. Le train *est parti*. とすると、「ポールの駅への到着」と「列車の発車」は連続して起きたか同時に起きたという状況になります。arriver を半過去にし partir を複合過去にして Paul *arrivait* à la gare. Le train *est parti*. とすると、ポールが今にも駅に着こうとしているときに列車が発車したことになります。2) の正解は sortait / a sonné で、3) の正解は a sifflé / arrivait です。3) の arriver は複合過去 est arrivé にすることもできますが、日本語訳と少しずれます。

　複合過去は「一度きりの出来事」を表し、半過去は「過去の動作の継続・状態・反復や習慣的出来事」を表すと言われます。複合過去は時間軸の上で点で描ける出来事を、半過去は線で描くような状態・習慣を表す

と言われることもあります。1) を図にすると左のようになるでしょう。時間軸の黒丸は過去の時点 t_1 に起きた（Paul）est arrivé（à la gare）. という出来事を表し、波線は t_1 を含むその前後において成立し

ている（Le train）partait. という状態を表しています。確かにこう図示すると、点と線という比喩は複合過去と半過去の特徴をうまく捉えているように見えます。ところが点と線というイメージに引きずられて起きるまちがいもあるので、ことはやっかいです。次の動詞は複合過去と半過去のどちらにするべきでしょうか。

4）**La construction de ce château（durer）quatre ans.**

　　この城の建設には 4 年かかった。

5）**Je（être）à la bibliothèque de dix heures à dix-sept heures.**

　　私は図書館に 10 時から 17 時までいた。

　4 年間といえば時間軸で描くと長さのある線になるので半過去だろうと考えるとまちがいになります。正解は複合過去 a duré で半過去 durait にすることはできません。5）も同じように 10 時から 17 時までを図で描くと線になるので半過去と考えがちですが、正解は複合過去 ai été です。たとえ時間軸上では長さがあっても、「4 年間」とか「10 時から 17 時まで」のように、期間や開始と終了を明示する

と、右の図のように圧縮されて点と捉えるのがフランス語の時制の論理です。期間が何世紀でも何億年でも長さは関係ありません。

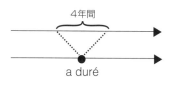

　「点と線」よりも言語学的に正確な言い方は、**完了**と**未完了**です。完了とは、ある時点 t_i を基準として見たとき事態 E がすでに終了していることを、未完了とは t_i を基準として見たとき事態 E が終了しておらず継続中であることを言います。言い換えれば、完了では時点 t_1 は事態 E の外側にあり、未完了では事態 E の内側にあります。図示すると右下のようになるでしょう。

　複合過去は現在 t_0 を基準点として完了を表す時制です。ですから Pierre est arrivé à la gare.「ピエールは駅に到着し

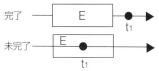

た」と複合過去で書くと、事態［Pierre-arriver-à-la-gare］が時間軸上で t_0 よりも左側で終了していることを表します。ただし、複合過去はもともとは英語の現在完了に当たる時制ですので、Vous avez toujours été gentil avec moi.「あなたはいつでも私に親切にしてくれました」のように、事態［vous-être-gentil-avec-moi］の時間軸上での右端が t_0 に接していることを表すこともできます。

これにたいして半過去は過去の時点 t_1 を基準とする未完了の時制です。ですから Pierre est sorti. Il *pleuvait*.「ピエールは外出した。雨が降っていた」では、Pierre est sorti. が表している基準点 t_1 において事態［il-pleuvoir］が継続中であることを表します。このとき注意しなくてはならないのは、半過去が表すのは基準点 t_1 において事態 E が継続中であるということだけで、それ以外のことは何も述べていないということです。「点と線」という比喩が誤解を招きやすいのはこの点なのです。Pierre est

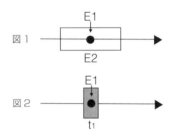

図1

図2

sorti. Il *pleuvait*. を図示するときには左の図1のように描くことが多いでしょう。E1 は［Pierre-sortir］を、横長の四角の E2 は［il-pleuvoir］を表しています。未完了だということを示すには、E2 を横長の箱形にして、E1 がその中に含まれるようにしなくてはなりません。ところがそのために半過去で表された事態 E2 には、時間軸上で長さあるいは横幅があるという誤解が生じてしまいます。

ほんとうは図2のように描くべきなのです。図2の縦長の箱形図形は、E1＝［Pierre-sortir］が起きた時点 t_1 において開かれた窓のようなもので、本来横幅を持ちません。しかしそれでは図に描くことができませんので、しかたなく縦長の箱として描いていますが、その横幅は限りなくゼロに近いと考えてください。この箱形は薄く塗りつぶしてありますが、それはこの箱の内部において E2＝［il-pleuvoir］という事態が成立していることを

表しています。たとえて言うなら、Pierre est sorti. という事態が起きた時点 t_1 において窓が開かれ、その窓から外を見ると一面雨が降っていたということになるでしょう。窓枠と壁にさえぎられて、窓から見えない所がどうなっているのかは知ることができません。雨がいつ降り始め

たのかとか、この先いつ頃止むのかといったことは知りようがありません。ただ細長い窓の外は一面の雨だということだけがわかるのです。ですから複合過去が時間軸上の点だというのは教育目的の比喩として認めても、半過去が線だというのはかなりまずいことになります。

　こう考えると冒頭の問題もよく理解できるでしょう。1) Paul est arrivé à la gare. Le train *partait*. では、ポールが駅に駆け込んだ瞬間に、列車が発車しようとしている絵が視界一面に広がっていると捉えればよいのです。2) Jean *sortait* quand le téléphone a sonné. では、電話が鳴った瞬間にジャンが外出しようとしている絵が一杯に広がります。ジャンは着替えている最中でも、ドアノブに手をかけている所でもかまいません。3) Le train a sifflé longuement. On *arrivait* au terminus. では、列車が警笛を鳴らした瞬間に、列車が駅構内へと入ろうとしている絵が浮かぶわけです。ちなみに On est arrivés au terminus. と複合過去にすると、この「絵が視界一杯に広がる」という臨場感が失われてしまいます。ただ単に「列車は警笛を鳴らし、終着駅に到着した」と出来事を羅列するだけになります。

　このように考えれば 4) や 5) が半過去ではなく複合過去になる理由も納得できるでしょう。4) は現在から振り返って城の建設には 4 年を要したと事実を述べているだけで、ここには過去のある時点 t_1 に開かれた窓もなければ、窓の外一杯に広がっている景色もありません。

　ただし、半過去はいつでも開かれた窓かというと、そうではありません。半過去の別の用法については、4 課（p.84）でお話します。

3課 二つの過去の語り方
— 複合過去と半過去の話 (2)

||||||||||||||||||||||||||||

問題 同じ動詞が1)では複合過去、2)では半過去に置かれている理由を考えてみましょう。

1) Je n'ai pas suivi les conseils de mon ophtalmo et ma vue a encore baissé. J'*ai été* bête.

僕は眼医者のアドバイスに従わず、また視力が落ちてしまった。僕はバカだった。

2) J'avais treize ans et j'*étais* bête. Je croyais que je pouvais faire tout ce que je voulais.

僕は13歳でバカだった。自分がしたいことは何でもできると思っていた。

　過去の出来事を語るとき、二つの語り方があります。一つは現在に視点を置き、現在から過去を振り返って語るやり方です。もう一つは過去に視点を移動させて、まるで過去の出来事を追体験しているかのように語るやり方です。複合過去を用いている 1) では一つ目の語り方を採っています。半過去を使っている 2) は二つ目の語り方です。この語り方のちがいは、フランス語時制のしくみとどう関係しているのでしょうか。この章の1課 (p.73) で示したフランス語時制の全体像をもう一度見てみましょう。

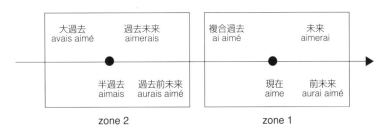

この図を見てわかるように、複合過去は zone 1 に属しているので、現

80

在から振り返って見た過去を表します。ま
た複合過去は完了時制なので、現在では完
了した事態を表します。1) を図示すると右
のようになるでしょう。t_0 から伸びる矢印
は過去を振り返る視線を表します。ただし、
前の課で述べたように、複合過去はたとえ

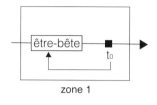

zone 1

時間幅のある事態でも時間軸上では点的に表現しますので、être-bête と書
いてある箱は点で描くべきですが、図示の都合上無視してあります。ここ
ではすべてが zone 1 の中で起きていることが重要なのです。

　それでは半過去の 2) はどうなるでしょうか。半過去は前ページの全体像
の図で zone 2 に属しています。zone 2 の時制を使うとき、話し手は頭の
中で過去のある時点 t_1 に視点を移動させます。SF 小説などで出て来る時
間や空間を一気に飛び越すワープをイメージすればよいでしょう。ワープ
すると zone 1 は背景化されます。背景化とは、いつでもそこに戻って来
られるのだが、当面は忘れ去られるという意味です。時制の全体像の図で
zone 1 の部分が網かけされ隠れた状態をイメージしてください。このとき
使える時制は zone 2 に属する半過去・大過
去・過去未来・過去前未来だけになります。
半過去を用いた 2) を図示すると右のように
なります。zone 1 は一時的に忘れ去られてい
ますので描かれていません。話し手は過去の
世界にワープして、過去の世界を新たな現在
として眺めているので、t_1 が t_0 の代わりをし

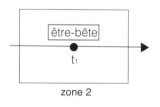

zone 2

ています。これがよく「半過去は過去にずらされた現在時制である」と言
われる理由です。

　この「過去にずらされた現在」としての半過去のニュアンスを直感的に
捉えることは難しいのですが、次の日本語の文章が参考になるでしょう。
閭は主人公の名前、輿は御神輿のように担いで人が乗る乗り物で、知県と

は今で言う県知事のことです。

3）閭(りょ)は衣服を改め輿(よ)に乗って、台州の官舎を出た。従者が数十人ある。（…）
翌朝知県(ちけん)に送られて出た。きょうもきのうに変わらぬ天気である。（…）
道はなかなかきのうのようにははかどらない。途中で昼飯を食って日が
西に傾きかかったころ、国清寺の山門に着いた。（森鷗外『寒山拾得』）

「出た」「出た」「着いた」は過去形ですが、「数十人ある」「天気である」
「はかどらない」は現在形です。この文章で現在形になっている部分は、
フランス語の半過去のように視点を過去に移動させて、あたかも現在のこ
とのように語っているとみなすことができます。

半過去の過去へのワープ効果を実際の文章で確かめてみましょう。

4）**Elle se leva et se dirigea vers la porte. Dans son dos, les yeux du
mort *devaient* la fixer. Il *fallait* quitter cette pièce au plus vite. Elle
ouvrit la porte. Au même moment, elle entendit le tintement des
tasses sur la table roulante que *poussait* le Jamaïcain. Elle devait
l'empêcher d'entrer. (...) Il fallait penser et agir vite. Bientôt tous
seraient au courant, dans cet univers étrangement clos et réduit.**

（C. Arley, *La femme de paille*）

彼女は立ち上がりドアに向かって歩いた。背後では死者の目が彼女を見つめているに
ちがいない。できるだけ早くこの部屋を離れなくては。彼女はドアを開けた。その時、
ジャマイカ人の召使いが車輪のついたサイドボードに乗せて運ぶ茶碗のたてる音が聞こ
えた。彼が中に入るのを阻止しなくては。（…）早く考えをめぐらして行動しなくては
ならない。この船という奇妙に狭く閉じられた空間では、まもなく事はみんなに知られ
てしまうだろう。

舞台は海上を行く船の中です。主人公の elle は高齢の雇い主の後妻に納
まる魂胆でしたが、罠にかかり雇い主の死体を発見する場面です。最初に
単純過去 se leva / se dirigea によって、過去の時点 t_1 が設定されます。t_1
を中心として zone 2 が開かれそこにワープします。Dans son dos, les yeux
du mort devaient la fixer. は彼女の立場に立った叙述で、Dans *mon* dos, les

yeux du mort *doivent me* fixer.「背後では死者の目が<u>私を</u>見つめているにちがいない」が下敷きになっています。Il *fallait* quitter cette pièce au plus vite. は直接話法で « Il *faut* quitter cette pièce au plus vite. » と書くべきところを物語の地の文に流し込んだ自由間接話法です。自由間接話法で半過去が多用されることはよく知られていますが、それは半過去が登場人物の心の中を表すワープした現在形だからです。また Bientôt tous *seraient* au courant では過去未来が使われていますが、これも自由間接話法で « Bientôt tous *seront* au courant. » という単純未来形が下敷きにあります。

　それでは単純過去はどうでしょうか。4) では se leva, se dirigea, ouvrit, entendit と 4 つの単純過去が使われています。単純過去（と前過去）は、フランス語の時制体系の中で特殊な立場にあります。単純過去は p.80 に示したフランス語時制体系の全体像に位置づけることができないのです。zone 1 は発話現在 t_0 に視点を置き、zone 2 は過去の時点 t_1 に視点を置いて事態を眺める時制ですので、いずれも視点を必要とします。ところが単純過去はそうではありません。単純過去は物語空間の外部にある超越的立場から物語を語る時制です。ですから 4) の単純過去は p.80 の全体像の外部から与えられる時制で、全体像に属する時制とは異なる原理によって働いています。変な言い方ですが、地球に隕石が降って来るように、単純過去は p.80 の全体像の外部から降って来ると言ってもよいでしょう。

　ただし単純過去は歴史・小説・童話などの書き言葉に限られ、その他の場面では複合過去が単純過去の代用として用いられます。例えば次の複合過去はその例で、このような複合過去は zone 1 に属する時制ではなく、単純過去の代用で、時制の全体像には位置づけられない時制です。

5) J'*ai voulu* voir maman tout de suite. Mais le concierge m'*a dit* qu'il fallait que je rencontre le directeur. Comme il était occupé, j'*ai attendu* un peu.（A. Camus, *L'Étranger* ）

> 僕はすぐママンに会いたかった。でも管理人が所長さんに会わなくてはならないと言った。所長は忙しかったので、僕はしばらく待った。

4課　あの人の名前何だっけ
— もう一つの半過去

░░░░░░░░░░░░░░░░░░░░░░░░░

問題　動詞 oublier を日本語が示している状況で使うにはどんな時制に
すればよいか考えてみましょう。

1） [会合の予定を危うく忘れそうになり思い出して]

　　Je（oublier）.　　そうだ、忘れるところだった。

2） [会合を忘れてすっぽかしたことに後から気づいて]

　　Zut ! Je（oublier）.　　しまった、忘れていたよ。

3） [次の会合がいつだったか忘れてしまって]

　　Je（oublier）.　　忘れてしまったよ。

　　正解は 1）半過去の oubliais　2）大過去の avais oublié　3）複合過去の ai
oublié です。このうち 3）の複合過去はいちばんわかりやすいでしょう。
J'ai oublié. 「忘れてしまった」結果、今は覚えていないのです。複合過去
のこの用法は、複合過去が発話時現在 t_0 を
中心とする zone 1 に属する時制であること
に由来しています。時間軸上で複合過去が
表す時点は発話時現在 t_0 と地続きですので、
複合過去で述べられた事態の影響は現在まで
及ぶわけです。2）の大過去の用法について

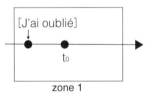

zone 1

は、次の課で詳しく解説します。ここでは 1）で忘れそうになりながら思
い出した時に、どうして半過去になるのかを考えてみましょう。

　　次の例はこれと同じメカニズムに基づく半過去の用法です。

4） [名前を失念して] **Comment il s'*appelait* déjà ?**　　あの人の名前何だっけ。

5） [待ち人が現れて] **Je t'*attendais*.**　　待っていましたよ。

6） [待っている人が思いがけない場所にいたことに気づいて]

時代の行動者たち 香港デモ2019

李立峯編[ふるまいよしこ・大久保健訳]

二〇一九年に香港で起きた大規模な抗議活動の全体像を
とらえ、雨傘運動から続く社会の意識変容を多様な視点
から解き明かす。

（12月中旬刊） 四六判■6380円

中世の写本の隠れた作り手たち
——ヘンリー八世から女世捨て人まで

メアリー・ウェルズリー[田野崎アンドレーア嵐監訳 和爾桃子訳]

テクストの作者から埋もれた本の発見者まで、中世の写
本文化を支えてきた有名無名の男女の人生と作品を、カ
ラー口絵とともに読む。

（12月中旬刊） 四六判■5500円

王の逃亡
——フランス革命を変えた夏

ティモシー・タケット[松浦義弘・正岡和恵訳]

「よき王」ルイ16世はなぜ逃亡事件を起こしたのか？
王の運命にとどまらず革命を変えたヴァレンヌ事件の真
相に世界的権威が迫る。

新刊

グルナ・コレクション

楽園

アブドゥルラザク・グルナ[粟飯原文子訳]

20世紀初頭、現在のタンザニアを舞台に、少年ユスフの
成長と東アフリカ沿岸地域の歴史的な大転換期を描く。
一九九四年度ブッカー賞最終候補作。巻末にノーベル文学
賞受賞記念講演を収録。

（12月下旬刊） 四六判■3520円

白水Uブックス／永遠の本棚 250

魔の聖堂

ピーター・アクロイド[矢野浩三郎訳]

18世紀ロンドンで建設中の七つの教会に異端建築家が仕
掛けた企みと現代の少年連続殺人の謎。過去と現在が交
錯する都市迷宮小説。

（12月中旬刊） 新書判■2750円

マチルド・ローランの調香術
——香水を感じるための13章

マチルド・ローラン[関口涼子訳]

カルティエの社内調香師が、あなたの感性を磨く！ み
ずみずしい記憶をよみがえらせる、全13章からなる「香
りを感じるための哲学」。

白水 図書案内

No.940／2023-12　令和5年12月1日発行

白水社　101-0052 東京都千代田区神田小川町 3-24／振替 00190-5-33228／tel. 03-3291-7811
www.hakusuisha.co.jp/ ●表示価格は消費税 10%が加算された税込価格です。

ヴェトナム（上・下）

壮大な悲劇　1945—1975

マックス・ヘイスティングス

平賀秀明訳

四六判■（上）5940円（下）6380円

戦場で何があったのか、戦闘に至る歴史的背景と政治的思惑、そこにもたらされたものを冷徹な筆致で描いたノンフィクションの白眉。

板ばさみのロシア人

――「プーチン時代」に生きる狡知と悲劇

ジョシュア・ヤッファ

長﨑泰裕訳

四六判■5060円

米国の特派員がロシアの各世代、各立場の人々に取材、権威主義体制下での葛藤と妥協、したたかな「ずる賢い人」の心奥に迫る密着ルポ。

メールマガジン『月刊白水社』配信中

登録手続きは小社ホームページ www.hakusuisha.co.jp/ の登録フォームでお願いします。

新刊情報やトピックスから、著者・編集者の言葉、さまざまな読み物まで、白水社の本に興味をお持ちの方には必ず役立つ楽しい情報をお届けします。（「まぐまぐ」の配信システムを使った無料のメールマガジンです。）

　　Ah, vous *étiez* là.　何だ、そんな所にいたんですか。

7）Ton avion *partait* à 16 heures.　君の乗る飛行機は 16 時出発だったね。

　3 課（p.80）で過去にワープする半過去の用法を見ました。しかし半過去はいつも視点を過去に移動させるわけではありません。4）〜 7）の半過去は視点移動のない半過去の用法です。4）を例にとってそのメカニズムを考えてみましょう。この用法では視点を移動させないので、視点はzone 1 の発話時現在 t_0 におかれています。また zone 1 は背景化されていませんので、zone 1 と zone 2 の両方がこの半過去の用法にかかわります。

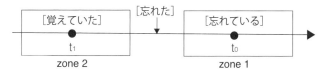

　話し手は名前を思い出すことができないので、現在は忘れている状態です。したがって名前を覚えていたのは忘れる以前の過去になります。話し手は現在に視点を置いて、名前を覚えていた過去に向かって「何だったっけ」と問いかけています。名前が仮に X さんだとして、「彼の名前はX だ」ということ自体は過去においても現在においても等しく成り立つのですが、話し手が名前を忘れてしまったために、「覚えていた過去」と「忘れてしまった現在」とが断絶します。ここに過去時制を用いる理由があります。zone 2 に属している時制の中で半過去が選ばれるのは、半過去が過去にずらされた現在時制であり、zone 1 における Il s'appelle X. をzone 2 にずらすと Il s'appelait X. になるためです。5）〜 7）についても同じことが言えます。5）で断絶しているのは「待っていた過去」と「もう待っていない現在」、6）では「あなたがそこにいることに気づいていなかった過去」と「あなたがそこにいることに気づいている現在」、7）では「君の乗る飛行機の出発時間を聞いた過去」と「君の乗る飛行機の出発時間を確認しようとしている現在」です。日本語でも「あの人の名前何でしたっけ」と過去を表す「〜た」が用いられますので、ほぼ同じメカニズム

が働いていると見てまちがいないでしょう。

　冒頭の問題 1) J'oubliais.「忘れるところだった」に戻ると、下の図のようになります。「忘れていた過去」と「覚えている現在」とが「思い出す」という出来事によって隔てられています。今ではもう思い出したので、[je-oublier] という事態は過去のものとなっています。ここに過去時制を用いる理由があるわけです。Il pleuvait.「雨が降っていた」と半過去で述べると、今はもう降っていないという含意が生じると言われていますが、それは下の図のように zone 1 と zone 2 とが断絶しているために生まれる意味効果です。3 課で見た物語などでの過去への視点移動がある半過去では、そのような意味効果は生じません。

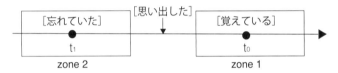

　視点の過去への移動を伴わない半過去のこのような用法は、**市場の半過去**（imparfait forain）と呼ばれる 8) や、**婉曲表現の半過去**（imparfait d'atténuation）と呼ばれる 9) と共通のものと考えられます。

8) Qu'est-ce qu'elle *voulait*, la petite dame ?

そこの奥さん、何がご要り用でしょうか。

9) Je *voulais* vous demander un petit service.

ちょっとお願いしたいことがあるのですが。

　8) は買い物に来た人に向かって言うせりふですので、半過去を使うのは一見すると不思議に見えます。またこの言い方では 2 人称ではなく 3 人称を使うのも特徴になっています。このせりふは露店市場のような場所で使われることが多いようで、店なら客が店に入って来た直後ではなく、客が少し商品を眺めていたり、店員が他の客の応対をしていた後に言われるようです。店員は客が何かを買う目的で来店したことにすでに気づいていて、それを過去の事態と捉えています。Qu'est-ce que vous voulez ?「何

がご要り用ですか」と現在形を用いて言うこともももちろんできるのですが、それはストレートなたずね方になります。客の来店を過去の事態と捉えて半過去で述べ、店員は客の来店時においても応対することができたと匂わせることで、客をないがしろにしていないとアピールすることになります。関西方言では店員が「何でした？」と過去形の「〜た」を用いることがありますが、これも同じ心理の現れと見なすことができるでしょう。

9) の「婉曲表現の半過去」もこれと似たメカニズムに基づいています。Je *veux* vous demander un petit service. というとストレートな物言いになるので、Je *voudrais...* と条件法現在を用いる言い方はよく知られています。半過去を用いても同じような婉曲表現になるのですが、なぜ控えめな言い方になるのかは、次のように説明できます。半過去を用いることによって「頼みたいことがある」という事態は下の図のように zone 2 に置かれます。zone 2 と zone 1 は断絶の関係にあり、zone 2 で成立していた事態は zone 1 では成立するという保証がありません。このため頼まれた方の聞き手は、zone 1 において「頼みたいことがある」という事態に直面する必要がなくなり、その結果として頼みを断る自由を手にするのです。ていねい表現に共通する特徴は、相手に何かを押しつけるのではなく、断る自由を残しておくという語用論的な方略です。婉曲表現の半過去は、話し手の欲求を現在とは断絶した zone 2 に閉じこめることで、この語用論的方略を実現しているのです。

5課　だから言わないことじゃない
— 大過去の話

問題　（　　）の不定形を適切な時制にしてみましょう。

1）［皿洗いの最中に大事な皿を割ってしまった人に］

Je te（dire）de faire attention.　気をつけるように言ったじゃないか。

2）［通りかかった知り合いと立ち話をして別れた直後の連れに向かって］

Je（voir）ce type en ville.　あの男の人、町で見かけたことがあったわ。

　正解は 1）大過去の avais dit　2）大過去の avais vu です。もし 1）を Je t'ai dit de faire attention. と複合過去にすると、単に「気をつけるように言った」と述べ、その言いつけが守られていることを期待しているだけで、「あれほど言っておいたのに」と相手を非難するニュアンスが消えてしまいます。2）を J'*ai vu* ce type en ville. と複合過去にすると、「そう言えばあの人にはどこかで会ったことがある」と自分の記憶を探るニュアンスがなくなってしまいます。どちらも大過去がいちばんしっくりするのです。でもなぜ大過去がふさわしいのでしょうか。

　ふつう初級文法では大過去は過去の過去で、過去の出来事以前に完了していた出来事を表すと説明されています。

3）**Quand les gendarmes sont arrivés, les braqueurs *s'étaient enfuis*.**

　　警官が到着した時には、強盗はすでに逃げ去っていた。

この例では警官の到着が過去の出来事で、強盗の逃走はそれよりさらに

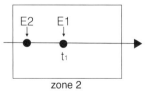

zone 2

に過去の出来事です。E1＝［les-gendarmes-arriver］、E2＝［les-braqueurs-s'enfuir］とすると、まず E1 が zone 2 の中心時点である t_1 を設定し、t_1 に視点を置いて過去を振り返るので大過去形が用いられるのです。このとき

t₁ は大過去の使用に必要な過去の基準点の役割を果たしています。ちなみに 3) の複合過去 sont arrivés は、ここでは単純過去の代用として用いられていますので、zone 1 に属する完了時制ではありません。

　冒頭の問題 1) 2) の大過去がいささか破格に見えるのは、3) で複合過去が表しているような基準点がないからです。大過去が「過去の過去」であるためには、一つ目の「過去」が基準点を提供しなくてはなりません。1) 2) にはこの基準点がないように見えるのです。

　また次の例では大過去が複合過去とではなく、現在形とともに用いられていることが破格とされます。

4) (...) **il va, vient, s'arrête tout à coup sans motif apparent, abandonne ce qu'il** *avait entrepris...*

あちこち動き回るかと思えば、突然これという理由もないのに立ちどまり、それまでやろうとしていたことを放り出す。

5) Ernestine sort par là où elle *était venue.*

エルネスティーヌ、先ほど登場した場所から退場。

　この例を引いた『フランス語ハンドブック』(白水社) は、「必ずしも論理的とは言えない用法」だとし、「動作の完了ないし時間的懸隔を強調する」のが目的だと述べています。現在形とともに用いられている大過去はほんとうに論理的ではないのでしょうか。

　複合過去ではなく大過去が選ばれている理由を考えてみましょう。ここでもフランス語時制の全体像が役に立ちます。

　3) のような「過去の過去」の大過去では、視点を過去の時点 t₁ に移動

させ、zone 2 だけが発動されています。zone 1 は背景化して一時的に忘れ去られています。ところが冒頭の問題 1) は目の前で皿を割った人に対する発話なので、話し手が発話時現在 t_0 に視点を置いていることは明らかです。このタイプの大過去では 3) とは異なり、zone 1 と zone 2 の両方が発動されていると見るべきです。

　この章の 4 課（p.84）の半過去の解説でも述べたことですが、zone 1 と zone 2 の両方を発動するためには、時間軸を二つの zone に切断する出来事が必要です。たとえば待ち人が現れて Je t'attendais.「待っていたよ」と半過去で言うためには、「待ち人の到着」という出来事が起きなくてはなりません。1) でそれは「皿を割ったこと」で、2) では連れの知り合いと出くわしたことです。1)は下のように図示できるでしょう。E1＝［je-te-dire-de-faire-attention］は zone 2 に置かれています。もし複合過去で Je t'ai dit de faire attention. と言うと、気をつけるという言いつけが現在でも守られていることが期待として成り立ちます。複合過去では zone 1 と zone 2 の分割は起きません。

ところが 1) では言いつけにもかかわらず皿を割ってしまったのですから、言いつけが守られている期待は裏切られたことになります。このため E1＝［je-te-dire-de-faire-attention］は現在とは断絶した zone 2 に押しやられます。さて zone 2 では、半過去・大過去・過去未来・過去前未来の 4 つの時制が使えます。このうち過去未来と過去前未来は t_1 から見た未来を表すので、適切な時制ではありません。残るのは半過去と大過去ですが、半過去は Je t'attendais.「君を待っていたよ」とか、Je dormais.「寝ていたよ」のように、zone 2 の領域全体で成り立つ未完了の事態を表すのでこれも不適切です。残るは大過去で、大過去は完了時制ですので正し

く事態を表すことができます。ただし注意しなくてはならないのは、この場合、大過去は t_1 から見た完了を表すのではないという点です。t_1 から見た完了を表すのは 3) のように視点を過去に移動する大過去の場合に限られます。1) では視点は現在の t_0 にあるので、t_1 はこの大過去の解釈には関与していません。同じような大過去の例をもう一つ見ておきましょう。

6)〔Adrienne は待ち合わせのレストランをまちがえてようやく到着する〕

Adrienne : Alex, enfin, ça fait une demi-heure que je te cherche !

アレックス、30 分もあなたを探したわよ。

Alexandre : Je t'*avais* pourtant *donné* rendez-vous ici !

でもここで待ち合わせと言っただろ。

Ad. : Hein ? Tu m'*avais dit* : « Au restaurant de la grande place ! »

なんですって。大広場のレストランでってあなた言ったわよ。

Alex. : Non, je t'*avais dit* celui-ci, mais tu n'écoutes pas.

いいや、ここでって言ったよ。人の言うことを聴かないんだから。

（E.Rohmer, *L'ami de mon amie*）

アドリエンヌが待ち合わせの場所をまちがえたという出来事が zone 1 と zone 2 を分割し、E1=[je-te-donner-rendez-vous-ici] が zone 2 に押しやられているのは 1) と同じメカニズムによります。

　現在形とともに用いられている 4) 5) にもほぼ同じ説明ができるでしょう。4) では E1=[il-entreprendre] が大過去形に置かれることによって、計画したことの実現に対する期待が裏切られたことを表し、5) では E1–[elle-venir] が大過去に置かれることで、現在形の Ernestine sort との間に舞台で何らかの演技が行われたことを表しています。ですからこれらの大過去はちゃんと論理的な用法なのです。

6課　彼は商社を設立していました
— 不思議な用法の大過去

▊▊▊▊▊▊▊▊▊▊▊▊▊▊▊▊▊▊▊▊

問題　次は L'homme le plus malchanceux du monde『世界で一番不運な男』という物語の冒頭です。なぜ大過去が使われているのか考えてみましょう。

Monsieur Dupont, exportateur de dentelle, *avait établi* sa maison de commerce à Bruxelles. Il habitait dans une maison de banlieue près de la ville. Monsieur Dupont menait une vie honorable mais il n'avait jamais de chance. Il est évident que c'était vraiment l'homme le plus malchanceux du monde. (J.K.Philips, *Contes sympathiques*)

デュポンさんはレースの輸出業者で、ブリュッセルに自分の商社を設立していました。彼は町から近い郊外の家に住んでいました。デュポンさんは誰が見ても恥ずかしくない暮らしをしていたのですが、ツキがありませんでした。彼が世界で一番不運な人であることは明らかでした。

このあとデュポンさんが洋服を新調するとレストランのボーイがコーヒーをぶっかけ、車を洗うと直後に雨が降り出すといったデュポンさんの不運の歴史が語られます。問題はなぜいちばん最初に大過去 avait établi が使われているかということです。

大過去はふつう複合過去などの過去時制とともに使われることが多く、他の時制が表す過去よりもさらに過去を表すと言われています。

1) Quand Jean est arrivé à l'université, le cours *avait commencé*.

ジャンが大学に着いた時、授業はすでに始まっていた。

ところが問題の大過去には基準点となるような他の過去時制で表された出来事がありません。その点で破格に見えるのです。

私たちは時制の使い方を考えるとき、1) のような単独の文で考えがちですが、このことが私たちの時制の理解を歪めています。時制は本来、単

独の文で解釈されるべきものではなく、文より大きな単位である談話レベルで解釈されなくてはならないのです。問題の大過去のメカニズムを考える前に、その元となる半過去の用法を見てみましょう。

2）**Delphine et Marinette *revenaient* de faire des commissions pour leurs parents, et il leur *restait* un kilomètre de chemin. Il y *avait* dans leurs cabas trois morceaux de savon, un pain de sucre, une fraise de veau, et pour quinze sous de clous de girofle.**

（M.Aymé, *Les contes du chat perché*）

デルフィーヌとマリネットは両親に頼まれたお遣いから戻るところで、家までは 1km の道のりを残すばかりでした。二人の買い物かごのなかには、せっけんが 3 つと、砂糖の塊が 1 つ、仔牛の腸間膜と 15 スー分の丁字が入っていました。

　これは « Le chien » 『犬』という題名の短編の冒頭ですが、半過去で始まっています。半過去はふつう、Paul est sorti du café. Il *pleuvait*.「ポールはカフェから外に出た。雨が降っていた」のように、半過去の基準点を提供する est sorti のような複合過去を必要とします。ところが 2）にはそのような出来事がありません。2）に続く部分は次のようになっています。

3）**A un tournant de la route, et comme elles en étaient à « Mironton, mironton, mirontaine », elles *virent* un gros chien ébouriffé, et qui marchait la tête basse.**

道の曲がり角にさしかかり、二人が「ミロントン、ミロントン、ミロンテーヌ」と歌っているときに、毛を逆立て頭を低くして歩いている一頭の犬を見かけました。

voir の単純過去 elles virent でようやく出来事が語られます。

Paul est sorti du café. Il *pleuvait*. のような半過去の場合、意味解釈の順序は p.94 左上の図のようになると考えられています。まず複合過去の Paul est sorti du café. によって、時間軸上に時点 t_1 が設定されます。次に t_1 に視点を移動させると、t_1 を中心とする zone 2 が形成されます。そして t_1 に視点を置いて眺めた事態 [il- pleuvoir] が半過去で表現されます。この考え方だと、②を述べるにはまず①が必要だということになります。

93

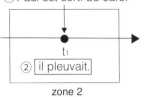

① Paul est sorti du café.

t₁

② il pleuvait.

zone 2

ところが例2)では①に相当するものがありませんので、これでは説明できません。

　文を越えた**談話**（discours）という観点に立つ説明はこれとは逆の向きになります。話し手（書き手）は頭の中にこれから語ろうとする物語を持っています。物語の筋は出来事の時系列に従って頭の中で配列されています。最初の出来事が起きる時点を t₁ とします。すると物語の冒頭の場面における視点は t₁ にセットされ、t₁ における事態を半過去で語ることができます。つまり上の図のように出来事が起きてから視点がセットされるのではなく、出来事が起きる前に視点がセットされると考えるのです。これはいわば視点の先取りで、聞き手（読み手）をいきなり物語に引き込んで、次に起きる出来事を期待させる効果があります。2) 3)でこの期待は、単純過去の elle virent という出来事によって充足されます。

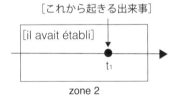

［これから起きる出来事］

[il avait établi]

t₁

zone 2

　こう考えれば冒頭の問題の大過去も理解できるでしょう。

　左の図のように語り手はこれから語ろうとする最初の出来事の時点 t₁ にまず視点をセットし、t₁ から見て過去の出来事を大過去で語っているのです。わかりやすく言うと、「これから語る出来事が起きる以前に、デュポンさんは自分の商社をすでに設立していた」となります。

　次の大過去も同じように説明できるでしょう。大過去が期待させる次に起きる出来事とは、天動説の廃棄と地動説の発見です。

4) **Les anciens astrologues *avaient constaté* que, à certaines périodes, les planètes cessaient de progresser dans le ciel et repartaient en marche arrière.**

　　昔の天文学者は、惑星がある時期になると天空での進行を止め、逆方向に進むことを見

つけていた。

　時制のメカニズムを理解するには文を越えた談話という観点に立たなくてはならないことをよく示しているのが次の大過去でしょう。

5) En avril dernier, pour fêter l'hommage que la Cinémathèque a rendu à sa carrière, Alain Delon *avait réuni* ses amis. Il a d'abord remercié ses collaborateurs, puis il a présenté les deux plus beaux « films » de sa vie : ses enfants Anouchka et Alain-Fabien.

去る4月のこと、シネマテークが映画人としての功績に対して与えた栄誉を祝うため、アラン・ドロンは友人たちを招待してパーティーを開いた。彼はまず協力して映画を製作した人たちに感謝の言葉を述べ、次に自分の生涯で最高の「映画」である二人の子供、アヌーシュカとアラン＝ファビアンを紹介した。

　もし時制解釈を機械的に適用したら、大過去 avait réuni は複合過去 a rendu よりも前になってしまいます。それだと受賞する前に祝賀パーティーを開いたことになり矛盾します。実はこの談話構造は下の図のように二重の入れ子構造になっているのです。

大テーマ：受賞（a rendu）

小テーマ：祝賀パーティー
avait réuni
a remercié

　まず外側に大きな話題 « la Cinémathèque a rendu hommage à la carrière d'Alain Delon »「シネマテークがアラン・ドロンに映画人としての栄誉を与えた」があります。その内側に祝賀パーティーのエピソードが入ります。大過去 avait réuni は外側ではなく内側の小テーマで働いており，複合過去 a remercié に対する完了を表しています。これなら出来事の順番が矛盾することはありません。時制の用法はこのように談話レベルでの話の構成に深く関わっているのです。

7課　マリー・キュリーは1867年にポーランドで生まれた
— 単純過去と複合過去

問題　次の文章では一箇所だけ単純過去が用いられています。その理由を考えてみましょう。

> **Les psychologues affirment que les enfants de moins de deux ans sont peu conscients de l'écoulement du temps. Il peut en avoir été de même de nos lointains ancêtres. Certains savants pensent que, jadis, les gens vivaient dans une sorte de « présent hors du temps », dépourvus du sens du passé et du futur. Ce sont les Babyloniens qui, se basant sur les mouvements célestes et la succession des saisons, *inventèrent* une année de trois cent soixante jours.**

> 心理学者は2歳以下の子供はほとんど時間の流れを意識していないと主張している。人類の遠い祖先も同様だったかもしれない。学者のなかには、かつて人間は過去と未来の感覚を持たず「永遠の現在」に生きていたと考える人もいる。天体の運行と季節の移り変わりに基づいて360日の1年を発明したのは古代バビロニア人である。

　フランス語で文章を書くときには、複合過去で書くならずっと複合過去を使い、単純過去で書くなら単純過去を使い続け、両方を混ぜて使ってはならないと教えられます。今日では単純過去は歴史・小説・童話などのジャンルに限られていて、日常的な文章で単純過去を使うことは少ないのですが、上の例のように現在形と複合過去が基調の文章に、突然単純過去が顔を出すことは稀ではありません。これはどういうことなのでしょうか。

　昔のフランス語では単純過去が過去の出来事を表すふつうの時制でしたが、やがてその役割は複合過去に取って代わられ、日常会話や日常的な文章で単純過去が用いられることはなくなりました。この変化は長い時間をかけて起きたと考えられています。しかし単純過去は消滅したわけではな

く、今日でも歴史・小説・童話や一部の新聞記事などで使われています。

　複合過去は発話時現在とつながりのある過去について語り、単純過去は現在とは断絶した遠い過去について語るときに用いられます。歴史は遠い過去であり、また小説・童話などのフィクションは虚構の世界であるという意味で、私たちの生きている現在とは断絶しています。次の新聞記事は単純過去と複合過去のちがいをよく示している例です。

1) **M. Paul Chaudet *est décédé* le dimanche 7 août. Il était âgé de 72 ans. Paul Chaudet *a été* l'un des notables du parti radical vaudois dont l'influence *a* longtemps *été* prépondérante.（…）Il *entra* au gouvernement helvétique en 1955. Pendant les douze ans qu'il *passa* à la tête du département militaire fédéral, il *s'attacha* à réorganiser et à moderniser l'armée suisse.**

　　ポール・ショーデ氏は 8 月 7 日日曜日に逝去した。享年 72 歳。ポール・ショーデは
　　ヴォード州の政界で重きをなした急進党の著名人の一人であった。（…）彼は 1955 年
　　にスイス連邦政府の閣僚となった。連邦軍事省のトップとして過ごした 12 年間に、彼
　　はスイス軍の再編と近代化に尽力した。

　記事の冒頭では est décédé, a été と複合過去が使われています。政界の著名人であった人物の死亡が、発話現在と関わりの深い出来事として捉えられているからです。ところが氏の経歴を語るくだりになると、一転して単純過去が使われています。死亡した人の経歴はもう歴史の一部であり、現在とは断絶した事実の世界に属すると見なされるからです。このように死亡記事にはよく単純過去が使われますが、それは故人が私たちの手の届かない世界に去ってしまったためです。

　個人的なエピソードですが、世界的に著名な言語学者のヤーコブソン（1896-1982）が亡くなったとき、たまたま来日していたフランス人の言語学者たちにそのことを告げたところ、彼らは単純過去を使ってヤーコブソンの業績について語り出したので驚いたことがあります。これも亡くなった人は私たちとは断絶した歴史の一部になったという意識からでしょう。

ここで冒頭の問題の文章に戻ると、最初は幼児や原始人に時間意識があっただろうかという話題が現在形と複合過去形を基調として語られています。そして話題が暦の発明に転じた時に単純過去が用いられています。暦の発明という歴史的事実に言及する時には、発話時現在の視点をいったん離れて、私たちの外部に存在する歴史の世界に入るという意識が働くためです。次の例も同じように考えることができるでしょう。

2）**Quand nous débarquons dans un pays tout à fait étranger, comme ce *fut* le cas pour moi, il y a quelques années, en Chine, nous sentons que malgré le grand dépaysement nous ne sommes jamais sortis de l'espèce humaine ; mais ce sentiment reste aveugle, il faut l'élever au rang d'un pari et d'une affirmation volontaire de l'identité de l'homme.**（P. Ricœur）

　　数年前に私が中国を訪れたときのように、まったく未知の国に足を踏み入れるとき、大きな違和感を感じつつも人類という範囲の外には出ていないと感じるものだ。しかしこの感覚はそのままでは力を持たず、人類は一つだという積極的な言明にまで高めてゆく必要がある。

　ここでは「数年前」と言っているので、それほど遠い過去ではありません。現在と断絶しているかどうかは物理的な年数で計ることができるものではないのです。それは書き手の捉え方の問題です。2）の著者はこの文章の論旨を補強するための論拠として自分の中国旅行の体験を持ち出しており、それは著者にとってはもはや動かない歴史の世界に属する事実なのです。このような意識が働くと、複合過去が基調の文章にひょっこり単純過去が現れることがあるのです。

3）**Tout a changé si vite autour de nous : rapports humains, conditions de travail, coutumes. Notre psychologie elle-même a été bousculée dans ses bases les plus intimes. Les notions de séparation, d'absence, de distance, de retour, si les mots sont demeurés les mêmes, ne contiennent plus les mêmes réalités. Pour saisir le monde d'aujourd'hui, nous usons d'un langage qui *fut* établi pour le**

monde d'hier.（A. de Saint-Exupéry, *Terre des hommes*）

> 我々の回りではすべてが余りにも急速に変化した。人間関係も、労働条件も、風習も然りである。我々の心理自体も根底からくつがえされた。別離や不在や距離や帰還といった概念も、言葉は確かに同じでももはや昔と同じ現実を表してはいない。今日の世界を捉えるのに、我々は昨日の世界のために作られた言語を用いているのである。

　この例でも一箇所 fut が単純過去になっています。この文章のテーマは社会の変化が急速なために、過去の世界と現代の世界とが断絶しているということなのですが、ここでは二つの世界の断絶を単純過去が強調していると言えるでしょう。

　この章の1課（p.73）でフランス語時制の全体像を示したときに、単純過去はこの全体像に位置づけれらない時制だと述べました。そのことをもう少し考えてみましょう。単純過去は歴史や物語を語るのに最適の時制だとされています。歴史や物語の特徴は、時間軸に沿って次々と出来事が起きることです。語り手が歴史や物語を語ろうとすると、ある出来事 E_1 の次に何が起きるかを知っていなくてはならず、ひいては出来事の連鎖を最初から最後まで知っていなくてはなりません。出来事連鎖の全体的把握が必要なのです。もし出来事 E_1 が起きた時点 t_1 に視点を置いたら、出来事を全体的に把握することはできません。視点とは言わば視野が狭くなる視野狭窄のようなものですので、t_1 に視点を置いたらそこから把握できる範囲のものしか

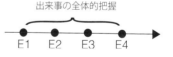

見ることができません。出来事を全体的に把握するには、特定の時点に視点を置かず、出来事の連鎖の外部に位置して全体を眺めることができる超越的な立場に立つ必要があります。この超越的な立場を表す時制がまさに単純過去なのです。1課で示した時制の全体像は、発話時現在 t_0 か過去の時点 t_1 に視点を置いて初めて用いることができるものです。単純過去は特定の視点に依存しないので、この全体像に位置づけることができない特殊な時制だと考えるべきでしょう。

8課　パパにお前が怠けていたと言うからね
— 未来にかかわる半過去と大過去

||||||||||||||||||||||||||||

問題　(　　) の不定形を適切な時制にしてみましょう。

1) Tout le monde saura que je (avoir) raison.

みんないずれは私が正しかったことを知るだろう。

2) [若々しい気持ちで過ごす将来の老後のことを考えて]

Nous ne nous apercevrons pas que nous (devenir) vieux.

私たちは歳を取ったことにすら気づかないだろう。

　正解は 1) avais　2) étions devenus です。1) の発話状況としては、現在自分だけが正しい意見を持ち、他の人はみんなまちがっているというものが考えられますが、それなら現在形の j'ai raison も使えます。ところが現在の話ではなく、将来行われる議論において、自分が正しく他の人がまちがっているという状況を予想している場合でしたら、現在形はだめで半過去しか使えません。また 2) では話し手はまだ若くてずっと先の老後のことを話しています。もし nous sommes devenus vieux と複合過去形にしたら、話し手は現在すでに老人であることになります。また nous devenons vieux と現在形にしたら、「自分たちもいずれは歳を取ることに気づかない」という別の意味になります。どうしてそうなるのでしょうか。

　1) と 2) で想定している状況では、いずれも二つの事態が関係しています。1) では E1=「みんなが知る」、E2=「私が正しい」、2) では E1=「私たちが気づく」、E2=「私たちが歳を取る」です。1) を例に取って、将来行われる議論において私だけが正しいという場面を考えましょう。そうすると、E2=「私が正しい」は未来の事柄で、E1=「みんなが知る」はそれよりさらに未来の事になります。次ページの図のような時間関係になるでしょう。

　さて次の図を見ておかしいと思った人がいるのではないでしょうか。

E1 が未来で E2 がそれより手前だとしたら、
E2 には前未来形を使うはずだからです。

3）Je te prêterai ce livre quand je l'*aurai lu*.
　　私がこの本を読んでしまったら貸してあげます。

　前未来の aurai lu「私が読んでしまう」は、単純未来に置かれた prêterai「貸してあげる」の時点より前に完了している事態を表します。これはまさに上の図のパターンに当てはまります。なのにどうして 1）では前未来にならず、半過去になるのでしょうか。実際、1）を前未来にして ×Tout le monde saura que j'*aurai eu* raison. とすることはできないのです。

　1）の半過去は発話時現在から見た過去を表してはいません。それどころか、発話時現在から見て未来のことを表しています。半過去が未来のことを表すなどということがほんとうにあるのでしょうか。不思議なことですが、実例は他にも見つけることができます。

4）Au train où va la science, le jour approche où l'un des adversaires, possesseur d'un secret qu'il *tenait* en réserve, aura le moyen de supprimer l'autre.

　　　　　　　（H.Bergson, *Les deux sources de la morale et de la religion*）
　　科学の進歩の早さからすると、二人の人間が対立関係にあるとき、秘密を握っていた人が相手を抹殺する手段を手にする日がいずれ来るかもしれない。

　この例でも未来のことを話しているので、半過去 tenait は確かに発話時現在から見た未来の事態を表しています。この半過去の用法をどのように理解すればよいのでしょうか。ここで次の文を見てみましょう。

5）Quand papa rentrera, je lui dirai que tu *traînais*.
　　パパが帰って来たら、お前が怠けていたと言うからね。

　単純未来に置かれた dirai の従属節を直接話法に直すと、Je lui dirai：《Il traînait.》となり、半過去のままで変化しないことがわかります。つまりこの半過去は未来形 dirai（および quand papa rentrera の未来形）が設定する未来の時点 t_2 から見た過去なのです。どうしてこのようなこと

101

が可能なのでしょうか。この章の1課（p.73）で提示したフランス語時制の全体像の図式では、話し手が視点を置くことができるのは zone 1 の中心の発話時現在 t_0 と、zone 2 の中心の過去の時点 t_1 だけだったはずです。未来の時点には視点を置くことができないはずでした。それならば半過去が未来の時点から見た過去を表すことはできないはずです。

　未来の時点に視点が置かれているように見える現象を理解するには、時間軸の多重設定を認めなくてはなりません。私たちはふつう時間軸を過去から未来に向かって流れる一本の線として意識します。しかし想像上で別の世界に移動したりするときには、現実の時間軸とは別の時間軸を想定することができます。5) では次の図のようになっていると考えられます。

　ω 1 は発話時現在の t_0 が存在する時間軸です。je lui dirai の未来形が表

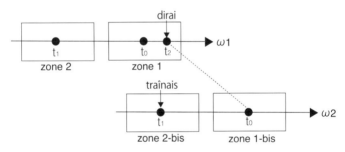

す時点 t_2 は zone 1 の中で t_0 より右側に位置しています。ここまではふつうの単純未来の用法です。ところが dire は発言動詞であり、発言内容を従属節に含みます。このため dirai の示す t_2 がもう一つの時間軸 ω 2 に投射され、それが ω 2 における新たな発話時現在 t_0 として働きます。この t_0 を中心として zone 1-bis が、そしてその左に zone 2-bis が形成されます。半過去の traînais は zone 2-bis において成り立つ事態です。ω 2 上でこの事態は新たな t_0 から見た過去になりますので、半過去を使う理由があるのです。

　このとき一つ注意することがあります。図では zone 2-bis は ω 1 のzone 1 よりやや右側に描いてありますが、zone 2-bis は zone 1 に対して

どこにあってもかまいません。次の三つのケースが考えられます。

　左の図は今は怠けていないが、これから怠ける場合に当たります。まん中の図は今怠けている場合で、右は過去に怠けていた場合です。ですから5）は必ず未来のことを表す半過去というわけではなく、現在のことも過去のことも表すことができます。なぜ半過去にそんな芸当ができるかというと、それは上の図で示したように、発話時現在 t_0 のある時間軸 $\omega 1$ のほかに、もう一つの時間軸を作ることができるからなのです。

　冒頭の問題 2）の Nous ne nous apercevrons pas que nous *étions devenus* vieux.「私たちは歳を取ったことにすら気づかないだろう」も、時間軸の多重設定で説明することができます。traîner と異なり devenir vieux は状態変化動詞なので、事態の生起を表すには完了形にする必要があります。このため p.102 の図の zone 2-bis の t_1 より左に位置する大過去になります。

　時間軸の多重設定はいつでも可能なのでしょうか。どうやらそうではないようです。この用法の半過去は、dire などの発言動詞や s'apercevoir, trouver, savoir, découvrir などの発見・認識を表す動詞の従属節でよく見られます。そうでない次の例では、半過去 lisais は発話時現在より過去しか表すことができないごくふつうの半過去です。

6）Je te prêterai le livre que je *lisais*. 僕が読んでいた本を貸してあげるよ。

　発言動詞の従属節は発言内容を、発見・認識動詞の従属節は発見・認識した内容を表しています。それらの内容は直接話法で書くことができ、発言や発見した人の心の中に相当します。従属節が文の主語に立つ人の心の中を表すときにかぎり、時間軸の多重設定ができるようです。

動物を使った比喩表現

どの言語でも比喩にはなじみ深い動物が使われています。日本語では「牛の歩み」「猪突猛進」「猫をかぶる」などがありますね。フランス語でも動物はよく比喩表現や慣用表現に使われます。

代表的なのは犬 chien でしょう。une vie de chien の直訳は「犬の生活」ですが、これは「みじめな生活」のことで、un temps de chien「犬の天気」は「ひどい悪天候」を意味します。どうも犬はひどい目にあっているようです。また entre chien et loup は犬か狼か見分けがつかないところから、夕暮れ時を言います。猫 chat も負けてはいません。une toilette de chat は「猫の洗顔」で、手早く済ませるぞんざいな洗顔のことです。écrire comme un chat は乱雑で読みにくい字を書くことを言います。猫が書いたらこんな風になるということでしょう。また donner sa langue au chat「猫に舌をやる」は、なぞなぞなどが解けなくて降参することを言います。ちなみに langues de chat「猫の舌」は、バターをたっぷり使った薄いクッキーのことです。

manger comme un moineau「雀のように食べる」は小食の意味で、これはよく感じが出ています。しかし être muet comme une carpe「鯉のように黙っている」は沈黙を守ることを言いますが、なぜ鯉なのかよくわかりません。travailler comme un cheval「馬のように働く」は、日本語でも「馬車馬のように働く」と言いますから、馬は働き者と見なされているのです。passer du coq à l'âne「雄鶏からロバに移る」は、突然話題を変えることを言い、un coq dans la basse-cour「ニワトリ小屋の中の雄鶏」は、女性の中に男性が一人だけ混じっていることを意味します。フランス語では雄鶏は男性の象徴として用いられているようで、家畜を多く飼育してきた文化を色濃く反映しています。

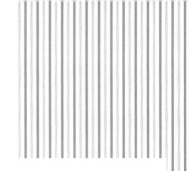

4 章
言いたいポイントをあらわす：語順と主題・焦点

フランス語は比較的語順の固定した言語で、Pierre a rencontré Marie hier à l'Opéra.「ピエールは昨日オペラ座でマリーに出会った」のように、平叙文では主語・動詞・目的語・状況補語がふつうの語順です。しかし語順を変えることで、いちばん言いたいポイントをあらわすことができます。よく知られているのは強調構文の C'est hier que Pierre a rencontré Marie à l'Opéra.「ピエールがマリーにオペラ座で出会ったのは昨日だ」でしょう。フランス語はこれ以外にも伝えたいポイントを表すためにいろいろな構文やしくみを持っています。言葉の重要な機能は聞き手に何かを伝えることです。この章では談話という観点から見た文のはたらきで重要な役割を果たす主題と焦点を中心に、伝えたいポイントをあらわすフランス語のしくみを考えてみましょう。

1課　市役所の向かいにカフェがあります
— 主語と主題

||||||||||||||||||||||||||

[問題]　（　　）にどんな冠詞を入れればよいか考えてみましょう。

1)（　　）**café est en face de l'Hôtel de ville.**

　　カフェは市役所の向かいにあります。

2)（　　）**amis sont sympathiques.**　友達は感じのいい人です。

　正解は 1)Le　2)Les です。これはかんたんですね。実はこの問題は、「市役所の向かいにカフェがあります」「感じのいい友達がいます」だとどうなるかという問題への導入なのです。こちらを訳そうとして 1)2)の定冠詞を不定冠詞に変えた次の文は、とても座りの悪い文です。

3)?**Un café est en face de l'Hôtel de ville.**

4)?**Des amis sont sympathiques.**

　冠詞だけでなく次のように文型を変える必要があります。

5)Il y a un café en face de l'Hôtel de ville.

6)J'ai des amis qui sont sympathiques.

　どうして 3)4)は座りが悪く、5)6)のように文型を変えると座りがよくなるのでしょうか。

　文には**判断文**と**出来事文**という二つの意味的なタイプがあります。判断文とは、次の例のように何かについてその性質・様子などを述べる文です。

7)La Terre tourne autour du Soleil.　地球は太陽の回りを回っている。

8)Mon appartement est spacieux.　私のアパルトマンは広い。

　判断文は「何かについて」を表す**主題**（topique）と、その性質・様子を表す**解説**（commentaire）という二つの部分からできています。7)なら La Terre が主題で、残りの tourne autour du Soleil が解説です。判断文は「〔主

106

題〕について何か言うとすれば、それは〔解説〕である」という構造をしています。判断文が成り立つためには、文が何について述べようとしているのかが聞き手にわからなくてはなりません。このため主題に相当する文の主語は、*la* Terre「地球」のように定冠詞か、*mon* appartement「私のアパルトマン」のように所有形容詞か、あるいは *cette* voiture「この車」のように指示形容詞がついていて、文法的に定 (défini) であるのがふつうです。（定の意味については 1 章 4 課 (p.20) で詳しく見ました）?*Un* appartement est spacieux. のように主語（＝主題）に不定冠詞がついていると、どのアパルトマンについて話しているのかが聞き手にわからなくなってしまいます。

　一方、出来事文は主題・解説という構造を持たず、文全体が一つの出来事を表します。このため出来事文には主語が定でなくてはならないという制約はありません。次の文は主語が不定ですが問題ありません。

9) Un accident de voiture a eu lieu dans cette rue hier.
　　　昨日この通りで自動車事故が起きた。

　冒頭の問題 1) 2) はカッコに定冠詞を入れると、それぞれ le café, les amis を主題とする判断文になり、「そのカフェ」「その友人たち」という既知の主題について何かを述べる文になります。ところが 3) 4) では主語に不定冠詞がついているので、主題と解釈することができません。では出来事文と解釈できるかと言うと、3) は所在を、4) は性質を表しているので、出来事とも解釈しにくく、このため 3) 4) は座りの悪い文になってしまうのです。所在（どこにあるか）を表す文が出来事文ではなく判断文だということは、×Où est du pain ? という疑問文がおかしいことでわかるでしょう。どれのことだかわからないパンの所在を答えることは誰にもできませんね。

　一方、5) では 3) で主語だった un café が動詞 y avoir の右側に来ています。6) では 4) で主語だった des amis がやはり動詞 avoir の右側に来ています。動詞の右側に移動することによって、文の主語（＝主題）の位置から外されているのです。では 5) 6) は出来事文になったのかというと、実はそうではなく、5) は大きな状況を主題とする判断文の一種、6) も je を

主題とする判断文だと考えられますが、この話はかなり複雑なのでここでは取り上げません。不定名詞句が動詞の右側に移動されると文として座りがよくなるという点にだけ注目しておきましょう。フランス語には次のような原則があることになります。

> 原則1　性質・様子・所在などを表す判断文の主語は定でなくてはならない。

　この原則に従うために、フランス語には不定名詞句を動詞の右側に移動する構文がいくつか用意されています。5）の il y a 構文と 6）の j'ai ... qui 構文はその典型です。il y a 構文ではふつうその後に来る名詞は不定名詞句でなくてはなりません。このため ×Il y a *le* livre sur la table.「テーブルの上にはその本がある」は容認されません。次のような役割分担があります。

　　所在文　主語は定名詞句

　　Le livre est sur la table.「その本はテーブルの上にあります」

　　存在文　実主語は不定名詞句

　　Il y a *un livre* sur la table.「テーブルの上に本があります」

動詞を中心として、次のような対称をなしていることがわかります。

　一方、9）で見たように出来事文では文の主語（＝主題）が定でなくてはならないという制約はありません。では主語位置に不定名詞句が自由に生じるのかというと、実はそうではないようです。出来事文の中でも何かの出現や残存を表す文には、次のようなペアが用意されています。

10）a. **Un grand malheur lui est arrivé.**　彼の身に大きな不幸が起きた。

　　 b. **Il lui est arrivé un grand malheur.**

11）a. **Dix euros me restent.**　私には 10 ユーロ残っている。

　　 b. **Il me reste dix euros.**

12）a. **Quelque chose se passe.**　何かが起きている。

　　 b. **Il se passe quelque chose.**

　a. と b. は同じ意味ですが、a.では不定名詞句が主語位置にあり、b.では

動詞の右側に移動しています。いわゆる非人称構文です。何かの出現や生起といった意味を表す動詞では、いきなり主語に不定名詞句を持って来るより、動詞の表す出来事の結果何かが生じたという順序に合わせて、不定名詞句を動詞の右側に置くことが好まれるのです。次のような原則があることになります。

> 原則2　出現・生起・残存・欠如などを意味する動詞では、実主語の不定名詞句を動詞の右側に置け。

　ではそれ以外の意味を表す出来事文ではどうでしょうか。ここからは書き言葉と話し言葉で事情がかなりちがいます。書き言葉では不定名詞句を主語に持つ文は決して少なくありません。

13) **Pendant le spectacle, la chaleur aidant, *une dame* s'évanouit, et *plusieurs personnalités* s'endormirent. *Huit personnes héroïques* vinrent me saluer à la fin dans les coulisses, (...) .**

(F. Sagan, *Avec mon meilleur souvenir*)

公演の間に暑さのせいもあって、ご婦人が一人気絶し、何人もの有名人が居眠りした。公演が終わると8人の勇気ある人々が舞台裏の私の所にすばらしかったと言いに来てくれた。

　ところが話し言葉では不定名詞句主語は極端に少ないことがわかっています。*Un enfant* joue dans le jardin.「子供が一人庭で遊んでいる」のような不定名詞句主語を持つ文は、書き言葉ではあっても話し言葉では少ないのです。それに代わって多用されるのは次のような構文で、すべてほぼ同じ意味です。

14) **Il y a un enfant qui joue dans le jardin.**　庭で遊んでいる子供がいる。

15) **{ Voilà / Voici } un enfant qui joue dans le jardin.**

16) **On voit un enfant qui joue dans le jardin.**

　話し言葉のフランス語には次の原則があるようです。

> 原則3　不定名詞句主語をできるだけ避けよ。

　これは聞き手にとって既知を表す定表現で文を始め、聞き手にとって未知を表す不定表現はなるべく後に回すという大原則の結果なのです。

109

2課　順序を変えるとちがう意味？
— 主題と焦点

(問題)　ある文法教科書に次の問題があります。答を考えてみましょう。
「イタリックの部分をたずねる疑問文を作りなさい」

1) On se lave *avec du savon*. せっけんで体を洗います。

2) Avec le savon, *on se lave*. せっけんでは体を洗います。

　正解は 1) Avec quoi se lave-t-on ?「何を使って体を洗いますか」、2) Qu'est-ce qu'on fait avec le savon ?「せっけんで何をしますか」です。1) と 2) はほぼ同じ単語からできている文なのですが、どうしてこのような意味のちがいが出てくるのでしょうか。それに 1) では du savon と部分冠詞がついているのに、2) では le savon と定冠詞になっているのも気になりますね。

　前の課で、判断文は主題（topique）と解説（commentaire）という二つの部分から成るという話をしました。主題に解説を付与するところに判断文の持つ断定（assertion）の力があります。解説のなかで聞き手に最も伝えたい重要な部分を焦点（foyer）と呼びます。次の例を見てみましょう。

3) A : Quand est-ce que Christophe Colomb a découvert l'Amérique ?
クリストファー・コロンブスはいつアメリカを発見しましたか。

B : Christophe Colomb a découvert l'Amérique *en 1492*.
クリストファー・コロンブスは 1492 年にアメリカを発見しました。

　Bの答でいちばん重要なのは en 1492 で、これが焦点になります。フランス語には**文末焦点**（End Focus）の原則があり、焦点はふつう文の最後に置きます。このため B の答の順番を変えて、Christophe Colomb a découvert en 1492 l'Amérique. とすると、A の適切な答にはなりません。

4) A : Qu'est-ce que Christophe Colomb a découvert en 1492 ?
クリストファー・コロンブスは 1492 年に何を発見しましたか。

B : Christophe Colomb a découvert *l'Amérique*.

クリストファー・コロンブスはアメリカを発見しました。

今度の B の答の焦点は l'Amérique でやはり文末に来ています。

5) **A : Qui a découvert l'Amérique ?**

アメリカを発見したのは誰ですか。

B :（C'est ）*Christophe Colomb*.

（それは）クリストファー・コロンブスです。

　解説ではなく主語（＝主題）に当たる部分が焦点となることもあります。ただし、このとき B の答が Christophe Colomb a découvert l'Amérique. だと焦点の Christophe Colomb が文頭に来てしまい、文末焦点の原則に違反するので適切な答になりません。Christophe Colomb. とだけ答えるか、C'est Christophe Colomb. とします。こうすれば文末焦点の原則を守ることができます。また C'est Christophe Colomb qui a découvert l'Amérique. のように c'est X qui ... の強調構文で答えることもできます。強調構文では X にイントネーション核があり、qui 以下は低く発音されます。X が焦点位置で、これは文末焦点の原則に違反していることにはなりません。

　では以上を念頭に置いて冒頭の問題に戻りましょう。問題 1) では On se lave *avec du savon*. の avec du savon の部分をたずねる文が求められているので、この部分が焦点になります。これに対応する疑問文は「何を用いて」avec quoi で始まるものが必要ですので、答は Avec quoi se lave-t-on? となります。一方、問題 2) では Avec le savon, *on se lave*. の on se lave が焦点です。この部分は動詞を含んでいるので、これをたずねるのは Qu'est-ce qu'on fait avec le savon ? という疑問文です。なお avec le savon を文頭に出して Avec le savon, qu'est-ce qu'on fait ? とすることも可能です。

　次に du savon / le savon の冠詞のちがいに注目しましょう。On se lave avec du savon. で du savon は焦点位置にあり、文全体としては解説中にあります。解説の中では「せっけんで体を洗う」という具体的動作が述べられていますが、一回一回の現実の動作において私たちが使うせっけんは

ある限られた量のものです。このため非可算名詞の若干量を表す部分冠詞が付くのです。一方、On se lave avec le savon. で le savon は、Avec le savon, on se lave. とすることもできることからわかるように、文末に置かれてはいるものの焦点ではありません。文頭に置けることから、文の主題とみなすべきものです。Qu'est-ce qu'on fait avec le savon ? の意味をくだいて言うと、「世の中にはせっけんというものがあるが、これは何に使うものか」という意味です。「世の中にあるせっけんというもの」は総称的なので定冠詞を付けます。つまり du savon に部分冠詞が付くのは焦点の位置にあるからで、le savon に定冠詞が付いているのは主題位置にあるからだということになります。このように主題と焦点の区別は冠詞の選択にも影響を与えているのです。

　主題と解説は文の主題構造に、焦点は文の情報構造にかかわる概念です。主題構造と情報構造はフランス語の語順を強く支配しています。前の課でフランス語には次のような原則があることを見ました。

> 定名詞句 ————→ 動　詞 ————— 不定名詞句

　この原則の背後には、定名詞句は既知で主題になりやすく文頭に来る傾向があり、不定名詞句は解説中で焦点になりやすく文末近くに生じる傾向が強いという主題・情報構造の大原則が横たわっていたのです。会話フランス語で不定名詞句が最も多く生じる位置は他動詞の直接目的補語だという調査結果も、この原則の正しさを示しています。

　次の b. の例のおかしさは主題・解説構造と文末焦点の原則に違反していることが原因です。

6) a. **Je suis né en 1970.**　私は 1970 年に生まれました。

　　b. **?En 1970, je suis né.**　1970 年には私が生まれました。

7) a. **Elle habite dans le 3ᵉ arrondissement.**　彼女は 3 区に住んでいます。

　　b. **?Dans le 3ᵉ arrondissement, elle habite.**　3 区には彼女が住んでいます。

8) a. **Il a peint les murs en bleu.**　彼は壁をブルーに塗りました。

b. ?En bleu, il a peint les murs.　ブルーには彼が壁を塗りました。

6）b. がおかしいのは、je suis né「私が生まれた」のは当たり前で、生まれていなければ私はここにいないためです。ただし一家の歴史を語っている年表ならば、En 1970, je suis né et en 1974, ma sœur Claire est née.「1970年には私が生まれて、1974 年には妹のクレールが生まれた」のように言うことができます。7）b. が変なのは「X という場所に住んでいる」では、「X という場所に」が焦点で、「住んでいる」が焦点となることは稀だからです。7）b. では elle habite が焦点になっているため妙な文になります。8）b. では焦点になりやすい en bleu が主題になっていることがおかしい原因です。

焦点になりやすさには度合いがあり、なかでもなりやすいのは「どのように」を表す**様態の副詞**（adverbes de manière）です。

9）**Paul est allé à La Rochelle *en train*.**
　　ポールはラ・ロッシェルに列車で行った。

10）**Jacques s'est garé devant la bouche d'incendie *par inadvertance*.**
　　ジャックはうっかり消火栓の前に駐車した。

否定は焦点にかかるので、否定文にするとどこが焦点かがわかります。

11）**Paul n'est pas allé à La Rochelle en train, mais *en voiture*.**
　　ポールはラ・ロッシェルに列車で行ったのではなく、車で行ったのだ。

12）**Jacques ne s'est pas garé devant la bouche d'incendie *par inadvertance*, mais exprès.**
　　ジャックはうっかり消火栓の前に駐車したのではなく、わざとそうしたのだ。

場所や時の副詞は焦点となることもあり、またそうでないこともあります。Qui as-tu vu hier ?「君は昨日誰に会いましたか」の答は J'ai vu Marie hier.「昨日はマリーに会いました」がふつうですが、焦点は Marie で hier ではありません。場所や時の副詞は文が表す事態がいつどこで起きたかという場面設定をする働きがあるため、たとえ文末に置かれても焦点と解釈されないことがあるのです。

3課 「3本の鉛筆」はなぜおかしい？

― 数量表現と焦点

問題　次の文をどう訳せばよいか考えてみましょう。

1) Peu de pays possèdent autant de potentiel économique que le Brésil.

2) Pas mal d'écrivains tombent dans l'oubli après la mort.

　この問題を出すとたいてい次のような答が返ってきます。

1) わずかな国がブラジルと同じくらいの経済的潜在力を持っている。

2) 多くの作家が死んだのちには忘れ去られる。

　しかしこの訳はあまりよいとは言えません。次のほうがよいでしょう。

3) ブラジルと同じくらいの経済的潜在力を持っている国は少ない。

4) 死んだら忘れられてしまう作家がたくさんいる。

　フランス語の原文の主語に付いている peu de や pas mal de といった数量表現をどう訳すかがポイントです。

　ここで日本語から考えてみましょう。Donnez-moi trois crayons. を「3本の鉛筆をください」と訳すととても変です。ふつうは「鉛筆を3本ください」と言いますね。お店で買い物をするとき、重要な情報は「何を」と「どれくらい」です。この章の2課（p.110）で説明したように、文中の重要な情報は焦点になります。日本語では「XのY」という形式でXが数量表現のとき、Xは焦点になれないようです。このため「3本の鉛筆」で「3本」が焦点になることができず、おかしくなると考えられます。数量表現を移動する数量詞移動という操作によって「3本」を右側に移動し、「鉛筆を3本ください」とすれば、「鉛筆」も「3本」も焦点になることができます。この数量詞移動は、焦点を文末に近い所に置くという原則に沿っていて、日本語では動詞の前が焦点位置だとされています。このような理由によって、私たちは買い物をするとき、「牛肉を500gください」

とか「缶ビールを 1 ダースお願いします」と言うのです。

　かたやフランス語では「数量表現＋名詞」という構造では、全体が焦点となることもでき、数量表現と名詞とを別々に焦点と解釈することもできるようです。このため Donnez-moi trois crayons. では、数量表現の trois も名詞の crayons も焦点になり、「何を」と「どれくらい」の両方の情報を正しく伝えることができると考えられます。

　このような事情を考慮すると、フランス語の「数量表現＋名詞」を日本語にするときには、次の a. より b. のようにするほうがよいようです。

3）J'ai beaucoup d'amis français.

　　　a. 私には大勢のフランス人の友人がいる。

　　　b. 私にはフランス人の友人が大勢いる。

4）J'ai quelques questions à vous poser.

　　　a. おたずねしたい 2~3 の質問があります。

　　　b. おたずねしたい質問が 2~3 あります。

　さて、冒頭の問題にはもう一つ考えるべきことがあります。3）J'ai beaucoup d'amis français. で数量表現の beaucoup は、何人くらいフランス人の友人がいれば適切だと判断できるでしょうか。2~3 人では beaucoup とは言わないでしょうし、ふつうの日本人にフランス人の友人が 30 人いたら beaucoup と言えるでしょう。beaucoup の当てはまる境界線は 2~3 人から 30 人の間のどこかにありそうですが、はっきりここと言うことはできません。beaucoup の意味はこのように漠然としていて、往々にして主観的なものです。

　ところが冒頭の問題ではやや事情が異なります。2）を例に取るとこの文は、作家の集合の中で死後に忘れられる人の占める割合が大きいと述べているので、単に数の多さではなく母集合に占める割合が問題になります。母集合で占める割合が 20% なら多いとは言えませんし、70% なら多いと言えるでしょう。この場合もどこから多いと言えるかの境界線をはっきりと引くことはできませんが、J'ai beaucoup d'amis français. とちがう

のは母集合での割合を問題にしているという点です。J'ai beaucoup d'amis français. は、「フランス人の友人の集合のなかで、私が持っている人たちの割合が大きい」という意味ではありません。このことを考え合わせると、冒頭の問題文は次のような意味的構造をしていることになります。

5)［**Peu de**］［**pays**］［**possèdent autant de potentiel économique que le Brésil**］

6)［**Pas mal de**］［**écrivains**］［**tombent dans l'oubli après la mort**］

　この構造は次のように一般化することができます。

7)［数量表現］―［母集合］―［述語］

　これは「母集合のなかで述語が当てはまるものが数量表現だけ存在する」を意味しています。1) 2) の母集合は「世界のあらゆる国々」「すべての作家」です。「あらゆる X」や「すべての X」は全称もしくは総称で、聞き手にとって既知と見なされ、文中では主題として振舞います。7) の図式で焦点になるのは数量表現です。もう少し正確に言うと、述語と数量表現の結びつきが焦点です。このことを考慮すると、日本語に訳すときには母集合は主題「～は」の位置に置き、数量表現は焦点位置つまり文末に置くと、上の図式の意味を正しく反映した訳になります。

8)［（=1）］世界の国の中には、ブラジルに匹敵する経済的潜在力を備えている国は少ない。

9)［（=2）］作家の中には、死後忘れ去られてしまう人が少なからずいる。

　以上のことを翻訳のコツ風にまとめると、次のようになるでしょう。

文の主語に付いている beaucoup de, peu de, quelques などの数量表現は、日本語では「たくさんある」のように文末の述語として訳せ。

　ここで一つ注意しなくてはならないことがあります。この章の1課（p.106）で、文には判断文と出来事文の二つのタイプがあると述べましたが、7) の意味的な図式が当てはまるのは判断文に限られ、出来事文には当てはまりません。次の出来事文を見てみましょう。

10) **Beaucoup de journalistes se sont rassemblés ce soir pour la**

conférence de presse du Président.

　今夜の大統領の記者会見に大勢の記者が集まった。

11）**Un petit nombre d'admirateurs attendaient l'actrice à la sortie du théâtre.**　ごく少数のファンが劇場の出口で女優を待っていた。

　10）は「記者の中で記者会見に集まった人たちの割合が大きい（例えば全記者の80%）」と言っているわけではありません。ただ100人とか200人とか人が多いと感じる人数がいたと述べているにすぎません。11）も同じで「ファンの中で女優を待っていた人の割合が小さい」と言っているのではなく、単に5~6人くらいしかいなかったという意味です。

　判断文と異なり出来事文は［主題─解説］という意味構造を持っていません。7）の図式では母集合が主題になりますので、［主題─解説］を持つ判断文しか7）の図式の構造を持つことができないのです。ですから10）は「今夜の大統領の記者会見に集まった記者が大勢いる」のように数量表現を文末述語として訳すよりも、10）に添えた訳のようにするほうが文の意味を正しく反映していると言えるでしょう。

　ここまでは主語に数量表現がついているケースを見てきましたが、同じことが成り立つ場合がもう一つあります。il y a 存在文です。

12）**Il y a beaucoup d'étudiants qui n'aiment pas le whisky.**

　学生のなかにはウィスキーが嫌いな人がたくさんいる。

13）**Il y avait beaucoup de passagers qui ont été blessés dans cet accident.**　この事故でけがをした乗客がたくさんいた。

　12）は判断文で、この文の意味は「学生の集合のなかで、ウィスキーが嫌いな人の占める割合が大きい（たとえば全学生の70%）」ということです。この場合は7）の図式が当てはまります。一方、13）は出来事文で、単にけがをした乗客の数が多かったという意味です。il y a 構文の実主語が数量表現に関して、ふつうの文の主語と同じ解釈を受けるのは一見すると不思議に見えますが、「実主語」と呼ばれるだけあって、存在文では意味的な主語として働くと考えれば、それほど不思議でもないのかもしれません。

4課 率直に言えば君の言うことが正しい
— 文頭は文を支配する場所

||||||||||||||||||||||||||||||

（問題） それぞれの文の意味のちがいを考えてみましょう。

1) a. Il vit heureusement.

b. Heureusement, il vit.

2) a. Elle a vraiment un drôle de chien.

b. Vraiment, elle a un drôle de chien.

1) a. は「彼は幸せに暮らしている」、1) b. は「幸いなことに彼は生きている」という意味です。2) b. は「まったく彼女は奇妙な犬を飼っているな」という意味で、2) a. はこの意味に加えて、「彼女が奇妙な犬を飼っているのはほんとうだ」（= Il est vrai qu'elle a un drôle de chien.）という意味もあります。なぜこのような意味のちがいが出るのでしょうか。

この課で主に取り上げるのは副詞類です。副詞類の特徴は、さまざまな種類があるということと、文中の位置があちこちに動くということです。詳しく見るときりがないのですが、ここでは話題を限って、**文副詞**と**述語副詞**という区別に焦点を絞ります。文副詞とは文全体を修飾する副詞で、述語副詞は動詞を修飾する副詞のことです。3) が文副詞、4) が述語副詞の例になります。

3) **Franchement, tu as raison.** 率直に言って君の言うことが正しい。

4) **Jean travaille énergiquement.** ジャンは熱心に仕事をしている。

わかりやすい 4) の方から見ると、副詞 énergiquement は動詞 travaille を修飾しており、ジャンの仕事の仕方について述べています。述語副詞は動詞のすぐ後に置くのがふつうです。述語副詞には énergiquement のような様態を表すもの以外に、récemment「最近」のように時や rarement「稀に」のように頻度を表すもの、énormément「ものすごく」など量を表す

もの、ici「ここで」や ailleurs「他の場所で」など場所を表すものもあります。英語で述語副詞は I *often* go to school on foot. のように主語と動詞の間に置くことがありますが、フランス語ではできないことに注意しておきましょう。× Je *souvent* vais à l'école à pied. はよくあるまちがいです。

　一方、文副詞は文全体を修飾し、しばしば文頭に置かれます。3）で franchement は tu as raison が話し手の率直な感想だということを示しており、文副詞はしばしば文内容に対する話し手の主観的態度を表します。文副詞は franchement parlant「率直に言えば」、scientifiquement parlant「科学的に言うと」のように、-ment で終わる副詞プラス parlant という形を取ることもあります。

　副詞の中には文副詞としても述語副詞としても用いられるものがあります。冒頭の問題の heureusement と vraiment はその一例です。1）a. では述語副詞として用いられ「幸せに」を意味しますが、1）b. では文副詞として使われて「幸いなことに」という話し手の主観的態度を表します。2）a. では vraiment の文副詞解釈と述語副詞解釈の両方が可能で、文副詞と取れば「実に」「まことに」という話し手の態度を表し、述語副詞と見なせば文の意味内容が真実であることを表します。2）b. で vraiment が文頭に来ると文副詞としてしかとれなくなります。

　文副詞と述語副詞の修飾の仕方のちがいを図示すると、右のようになるでしょう。文副詞には他に、malheureusement「残念なことに」、évidemment「明らかに」、naturellement「当然ながら」、honnêtement「率直に言って」、

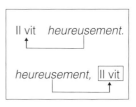

probablement「おそらく」、certainement「確かに」、curieusement「奇妙なことに」などがあります。-ment の語尾で終わる副詞以外でも、à la surprise générale「みんなが驚いたことには」、chose étrange「奇妙なことに」、à vrai dire「実を言うと」、à proprement parler「厳密に言えば」、en conclusion「結論として」なども文副詞的に働きます。また多くの副詞が

文副詞的に用いることができるので、完全なリストを作るのは不可能です。一方、énergiquement「熱心に」、froidement「冷たく」、brusquement「突然」のようにもっぱら様態を表す副詞は、文副詞として用いるのは難しいようです。

　文副詞が文頭で用いられた場合、いくつか興味深い振る舞いを示します。その一つは文副詞を否定することができないという特徴です。

5）Franchement, tu n'as pas raison.　率直に言って君の言うことは正しくない。

6）Heureusement, Paul n'est pas là.　幸いなことにポールはいない。

　5）6）で否定の ne ... pas は文副詞 franchement、heureusement にかかりません。専門的に言うと、文副詞は否定の作用域に含まれないのです。このため文副詞は文の意味内容の真偽の外にあって、文の意味内容に対する話し手の態度をもっぱら表します。もう一つの特徴は c'est ... que の強調構文の焦点位置に置くことができないという点です。

7）[×] C'est franchement que tu as raison.

8）[×] C'est heureusement que tu es là.

　7）は「君の言うことが正しいのは率直に言ってである」ととれそうですが、フランス語としてはだめな文です。8）も同様です。原則的に文のどのような要素でも強調構文の焦点位置に置くことができるはずなので、この特徴は目立ちます。これもまた文副詞は文の意味内容の外部にあることを示していると考えてよいでしょう。

　2課（p.110）で次の文がなぜおかしいかという話題を取り上げました。

9）?En 1970, je suis né.

　je suis né「私が生まれた」ことは当たり前なので、ふつうはいつ生まれたかが焦点になるため、Je suis né *en 1970.* のように en 1970 を文末の焦点位置に置くということでした。しかし一家の歴史を述べている場合なら、次のように言うことができるのでした。

10）En 1970, je suis né, et en 1974, ma sœur est née.

　　1970 年に私が生まれ、1974 年に妹が生まれた。

　この場合、文頭の en 1970 は一種の主題として働き、次の文 je suis né が成り立つ時間的枠組みを提供しています。10）で en 1970 は文副詞と同じくコンマで区切られた文頭の位置に置かれているため、文副詞とよく似た働きをしているようにも見えます。しかし大きなちがいがあり、en 1970 は強調構文の焦点位置に置くことができます。

11）C'est *en 1970* que je suis né.　私が生まれたのは 1970 年です。

　en 1970 のような枠組み副詞は文副詞よりも文の意味内容に組み込まれていることがわかります。Heureusement, en 1970, Paul a trouvé un débouché.「幸いなことに、1970 年にはポールが就職口を見つけた」のように文副詞と枠組み副詞が両方使われている文を考えてみると、heureusement は最も外側から文全体を修飾していると考えられます。

　次の seulement の用例はこのような文副詞の特徴を生かした例です。

12）Cette veste m'a coûté *seulement* 40 euros.
　このジャケットは 40 ユーロしかしなかった。

13）C'est un bon projet. *Seulement*, il est trop coûteux.
　これはよい計画だ。ただ金がかかりすぎる。

　12）では seulement は述語副詞で「～だけ」を意味します。一方、13）では文副詞で、前に述べたことにたいして「ただし」と留保条件をつける働きがあります。このように文頭の文副詞は次に続く文全体を修飾すると同時に、前の文とのつながりを表すことがあります。c'est-à-dire「すなわち」、en d'autres termes「別な言い方をすると」、au contraire「反対に」、d'ailleurs「おまけに」などは接続詞に分類されることがありますが、その働きは文副詞と非常に近いと考えられます。plus exactement「より正確に言うと」などは文副詞と接続詞の境界例と見なすことができるでしょう。

5課　泣いたカラスがもう笑った

— c'est ... qui 構文の複雑さ

||||||||||||||||||||||||||||

問題　次の c'est ... qui 構文の意味を考えてみましょう。

1）Je vous remercie.　— C'est moi qui vous remercie.

2）［写真の人を指さして］

　　C'est qui ça ?　— C'est mon beau-frère qui habite à Orléans.

3）［隣の部屋で物音がして］

　　Qu'est-ce qui se passe ?　— C'est Claire qui danse.

　1）は c'est ... qui による強調構文の例です。「あなたにお礼を言うのは私の方です」という意味で、c'est と qui に挟まれた moi が最も重要な情報である焦点になります。2）はふつうの関係節で、「これはオルレアンに住んでいる私の義兄です」という意味です。一方 3）はやや特殊な用法で、「いったいどうしたんだ」と問いかけに、「いや、クレールが踊っているんだよ」と答えています。同じ c'est ... qui 構文でなぜこれほど意味のちがう文になるのでしょうか。

　この構文は次のような共通の構造を持っています。

　　　　　Ce — est — 名詞 — qui — 述語

　ただしこの 3 つの用法で、この構造の中身の組み合わせが異なるのです。まず 2）の関係節から見てみましょう。

　ポイントは二つあります。主語の指示代名詞 ce の指示と、［名詞—qui—述語］が一体をなしているかどうかの 2 点です。関係節で主語 ce は前

方照応的で、前の文脈に先行詞があるか、現場指示的で発話の場に指示するものがあります。2）では写真に写っている人がこれに相当します。次に関係節では［名詞―qui―述語］は一体をなしていて大きな一つの名詞句です。動詞 être は同定機能を担っており、ce の指示対象の正体を［名詞―qui―述語］と同定しています。2）では「写真の人」と「オルレアンに住む私の義兄」とを結びつけているのです。

　次に 1）の強調構文の構造は次のようになっていると考えられます。

Qui est arrivé le premier ? — C'est Jean qui est arrivé le premier. 「誰が一番に到着したのですか」「一番に到着したのはジャンです」という答の強調構文の場合、［x est arrivé le premier］という前提が質問によって形成され、強調構文は x の値にジャンを代入する働きがあります。したがって関係節のときとは異なり、主語の ce は先行文脈や発話の現場に先行詞を持ちません。上の図では ce は［qui―述語］全体をさすように描かれていますが、X qui est arrivé le premier, c'est Jean. と同じ意味ですので、ce はほんとうは隠れている変数 x をさすと考えるべきでしょう。ce は変数 x をさし、x に代入するのが名詞であることを表す指定文です。つまり「最初に到着した人である x」の x に入れるべき値は「ジャン」だと述べているのです。

　この構造で［名詞―qui―述語］は一体をなさず、［名詞］―［qui―述語］のように分離しています。このことはイントネーションに現れており、C'est **Jean** qui est arrivé le premier. のように、Jean が最も高く強く発音されて、qui 以下は付け足しのように低く発音されます。

　フランス語の読解で一番多いまちがいは、c'est ... qui / que 構文を関係節ととるか強調構文ととるかの誤りです。次の文を見てみましょう。

4）C'est le dernier film de Rohmer que j'ai vu hier à la télé.

この文はどちらともとれ、文脈を与えるとはっきりします。

5) C'est quoi ça, cette vidéo-cassette ?

— C'est le dernier film de Rohmer que j'ai vu hier à la télé.

「このビデオ・カセットは何？」「それは僕が昨日テレビで見たロメールの最後の映画だよ」

6) Qu'est-ce que tu as vu hier à la télé ?

— C'est le dernier film de Rohmer que j'ai vu hier à la télé.

「昨日テレビで何を見たんだい」「昨日はテレビでロメールの最後の映画を見たよ」

　5) では先行詞 cette vidéo-cassette がありますので関係節で、6) にはありませんので強調構文です。

　それでは冒頭の問題 3) はどうなっているのでしょうか。3) は「誰が踊っているのか」という質問にたいする答ではないので強調構文ではありません。また主語 ce の先行詞となる名詞も質問には含まれていないので、関係節とも考えられません。この文は擬似関係節と呼ばれていますが、おおむね次のような構造をなしていると考えられます。

　主語 ce は関係節と同じく指示的ですが、関係節のように名詞の先行詞があるわけではありません。先行文脈や発話状況に存在する出来事をさしています。3) では「隣の部屋で物音がしたこと」がこれに当たります。次に［名詞—qui—述語］は一体をなしているのですが、関係節のように一つの名詞句を作っているのではなく、［名詞—述語］という文に相当する働きをしています。この文が全体として表しているのは、ce＝［先行文脈や発話状況に存在する出来事］は［名詞—述語］という出来事だということです。3) では、「隣の部屋で物音がしたこと」の正体は、「クレールが踊っている」ことだとなるでしょう。

　［名詞—qui—述語］が文に相当する意味を表しているというのはわかり

にくいかもしれません。しかしフランス語には次のような用法があります。

7) Le rôti qui brûle !　ローストが焦げてる。

8) Le lavabo qui déborde !　洗面台が溢れてる。

　これは「焦げているロースト」「溢れている洗面台」という関係節ではありません。また Le rôti brûle !, Le lavabo déborde ! のようなふつうの主語・述語と比較した場合、より発話の現場に密着し切迫感のある表現になります。このような用法があるので、［名詞—qui—述語］が文に相当する意味を表しているというのは、それほど突飛なことではないのです。

　3) の用法は『新フランス文法事典』では、「前文の説明」として挙げられています。

9) J'avertirai ton papa que tu musardes et il te grondera. — Madame, c'est Poil de Carotte qui m'a dit d'attendre.（Renard, *Poil de Carotte*）

　　「お前がブラブラ遊び歩いているって、お父さんに言いつけるよ。そうしたら、叱られるだろう」「おばさん、にんじんがここで待っていろって言ったんだもの」

　この例では「男の子がブラブラ遊び歩いている」という出来事があり、それにたいして「にんじんがここで待っていろと言った」という出来事が持ち出されています。この例では確かに前文の説明ととることもできますが、必ずしもそうとは限りません。「今泣いたカラスがもう笑った」という言い回しをフランス語で C'est Jean qui pleure, Jean qui rit. と言います。この例もふつうの関係節ではなく 3) と同じ擬似関係節と見るべきでしょう。「泣いたジャンと笑ったジャン」では意味をなしません。ここでは Jean pleure. という出来事と Jean rit. という出来事を並列して、「さっき泣いていたかと思えばもう笑っている」という状況の変化の早さを表しているのです。この場合は「前文の説明」という解釈は妥当ではなく、たとえばある政治家の変わり身の早さという現実の状況にたいして、「さっき泣いていたかと思えばもう笑っている」という出来事を比喩として持ち出しているのです。この例では主語の ce は現実の状況をさし、文は同定文となります。

6課　父が病気なんだ
— 非主題文としての il y a 構文

||||||||||||||||||||||||||||

問題　次の文で il y a 構文が使われている理由を考えてみましょう。

1）Vingt minutes de retard ! — Il y a ma voiture qui est en panne.
「20分の遅刻だぞ」「僕の車が故障しちゃったんだよ」

2）Regarde ! Il y a Charles qui drague une fille.
見て。シャルルが女の子をナンパしてるよ。

　1）では Ma voiture est en panne. というふつうの主語・述語構文を使ってもよさそうなのに、そうせずにあえて il y a 構文を用いています。2）でも同じことが言えるのですが、このような場合、会話フランス語では il y a 構文がよく用いられます。なぜでしょうか。

　この章の1課（p.106）では、Des enfants jouent dans le jardin. 「子供たちが庭で遊んでいる」のように不定名詞句を主語に持つ文は特に会話では避ける傾向があり、それに代わって Il y a des enfants qui jouent dans le jardin. のように il y a 構文を用いた言い方が好まれるということをお話しました。その理由は定（défini）のものは動詞の左側に、不定（indéfini）のものは動詞の右側に置く傾向があるからだとして、次の図を示しました。

定名詞句 ———————— 動　詞 ———————— 不定名詞句

　ところが1）の ma voiture、2）の Charles は両方とも定名詞句なので、il y a 構文を用いずに動詞の左側の主語位置に置いてもよさそうなものです。どうして定名詞句も主語位置から外すのでしょうか。

　1章4課（p.20）で冠詞の話をしたときに、定冠詞とはどれのことをさしているのかが聞き手にわかっているということを表す記号だと述べました。そして、どのような場合にどれのことをさしているのかが聞き手にわ

かっていると見なされるかということについて、少し詳しく検討しました。ここで少し異なった角度から眺めてみると、どれのことをさしているのかがわかっているという聞き手の状態は、大きく次の2種類にまとめることができます。話題になっている人・物をXとします。

　　（I）聞き手はXをあらかじめ知っている

　　（II）Xがすでに話題に出たので聞き手にわかっている

　（I）は le soleil「太陽」、la tour Eiffel「エッフェル塔」のように私たちが共通して持っている世界の知識に基づく場合と、友人の Charles のように個人的知識に基づく場合とがあります。後者の場合、Charles が話し手と聞き手に共通の友人ならば、「僕の友人にシャルルという男がいるんだが」とわざわざ断らなくてもよいわけです。アメリカのエレン・プリンスという学者は、聞き手の知識に基づいて知っていると見なされる状態をhearer-old「聞き手にとって旧情報」と呼びました。旧情報とは「すでにわかっていること」という意味です。

　一方、（II）は Hier, j'ai rencontré un drôle de garçon. *Le garçon* ...「昨日私は奇妙な男の子に会いました。その男の子は…」のような前方照応のケースです。この場合、聞き手は男の子を知らないのですが、一度話題に出たという意味で既知のものとして扱われ定冠詞がつきます。プリンスはこのようなケースを discourse-old「談話にとって旧情報」と呼んでいます。談話に登場済みなので知っていると見なされるわけです。

　（II）では un garçon → le garçon という照応過程が必要なので、le garçon がいきなり出て来ることはありません。問題は（I）で聞き手があらかじめ知っているからといって、いきなり持ち出すことができるかということです。これはかなり難しいようです。その理由は文の主語が定名詞句のとき、主語は主題（topique）と解釈される傾向が強いからだと考えられます。

3）<u>Ma voiture</u>　<u>est en panne.</u>
　　　　主題　　　　　　解説

　3）で ma voiture が主題、est en panne が解説だとすると、この文は次

127

のような応答で自然になるでしょう。ma voiture は elle と代名詞化される
ほうがより自然ですが、その問題には目をつぶります。

4) **A : Pourquoi est-ce que tu es venu en bus ? Qu'est-ce que tu as fait**
de ta voiture ? 　どうしてバスで来たんだい。車をどうしたんだ。

　　B : Eh bien, ma voiture est tombée en panne. 　それがね、車は故障したんだ。

　A の「車はどうしたんだ」という発話によって、「B の車」が主題に
されています。このようにお膳立てされて初めて、B は ma voiture を主
題とする文を使うことができます。何のお膳立てもなしにいきなり Ma
voiture est tombée en panne. と言うと、やや唐突という感じを免れません。
会話フランス語には次のような原則があると考えられます。

ある話題がたとえ hearer-old であっても discourse-old でなければ、主語
(= 主題) 位置で用いることを避けよ。

　それでは hearer-old の名詞句を始めて談話に持ち出したいとき、主語
(= 主題) に置かないようにするにはどうすればよいのでしょうか。

5) **J'ai oublié de dire que quand je suis en courses *il y a ma voiture qui***
***ralentit toute seule* quand je suis au cul d'une autre et pourtant j'ai**
enlevé toutes les aides au pilotage et je ne touche pas la voiture.

　　言うのを忘れていたけど、僕が買い物に出かけていた時、突然車がひとりでに減速して、
　　すぐ前に車がいたけど、オートパイロットを全部切ったので、追突せずに済んだんだ。

6) **J'ai une question. Je vais faire un vol Paris-Tozeur et après je pars**
pour l'Algérie à Tebessa. *Il y a mon père qui va venir me chercher de*
***Tebessa*. Je cherche le chemin de Tebessa à Tozeur le plus court et**
le plus facile.

　　質問があります。私はパリ・トズュール間を飛行機で飛んで、それからアルジェリアの
　　テバサまで行きます。テバサから父が私を迎えに来ます。テバサからトズュールまでの
　　いちばん短く楽な行き方を知りたいのです。

　5) では Ma voiture ralentit toute seule. というふつうの主語・述語構文

128

を使うかわりに、il y a... qui 構文を使っています。買い物に車で行くことはフランスでは当たり前のことなので、ma voiture は上に述べた（I）の意味で hearer-old と見なしてもおかしくないでしょう。しかしそれまで車は話題に登っていませんので discourse-old ではありません。ここでは discourse-old でない話題を主語位置に置くのを避けるために、il y a 構文を用いて主語位置から外しています。6)でも父親は誰にでもいるものですから共有知識に基づいて hearer-old とみなしてもかまいません。しかしここでも同じ理由によって主語位置から外されています。

　Il y a un gros poêle au milieu de la salle. 「部屋のまん中に大きなストーブがある」のような存在文では il y a は何か（この場合は大きなストーブ）の存在を表すのですが、5) 6)の例ではそうではありません。「私の車」や「私の父」が存在することはある意味で自明で、改めてその存在を述べる必要はありません。5) 6) で il y a 構文は、新しい話題を談話に導入するために使われているのです。もう少し詳しく言うと、hearer-old ではあるが discourse-old ではない話題を導入する場合です。談話の組み立てに関わるコトバの機能をテクスト機能と呼ぶことがありますが、il y a 構文は優れてテクスト機能を持つ表現と言えるでしょう。

　これで冒頭の問題 1) 2) でなぜ il y a 構文が使われているかがわかります。1) で ma voiture は hearer-old ではありますが、discourse-old ではありません。2) の Charles にも同じことが言えます。このため主題位置である主語位置から外すのに il y a 構文が使われているのです。hearer-old ではあるが discourse-old ではないものは、定であるにもかかわらず談話的には一種の不定として扱われると言ってよいでしょう。一方、discourse-old である主題は代名詞化されます。このため会話フランス語では名詞主語は極端に少なく、およそ 3% 程度に留まることが明らかになっています。Mon père a été muté à Besançon. 「僕の父はブザンソンに転勤になった」のように名詞主語を持つ文は、書き言葉と文法教科書にしか見られない文なのです。

7課　話し言葉はばらばらに
— 転位構文の機能

║║║║║║║║║║║║║║║║║║║║║║

問題　次の文がなぜこのような形式をしているのか考えてみましょう。

1) **Un succès, ça s'arrose.**　何か成功したら祝杯をあげなくちゃ。

2) **SEB, c'est bien.**　セブはすばらしい。

3) **L'État, c'est moi.**　朕は国家なり。

1) では本来ならば主語に立つ un succès が文の左側に出されて、それを指示代名詞 ça が受ける形になっています。このような文型を**転位構文** (dislocation) と呼びます。上の例では主語が文の左側に出されているので**左方転位**といい、C'est à toi, cette moto ?「君のかい、このオートバイ」のように文の右側に出されているものを**右方転位**といいます。特に会話でよく用いられる文型ですが、上の問題のように広告コピーやスローガンなどにも見られます。1) は人生訓、2) は調理器具で有名なセブ社の広告で、ごろ合わせにもなっています。3) は絶対王政の本質を表すルイ 14 世の言葉です。なぜこれらの例では転位構文が使われていて、Un succès s'arrose. や SEB est bien. のようなふつうの文ではないのでしょうか。

この章の 6 課 (p.126) で、定名詞句主語は主題 (topique) と解釈される傾向が強く、Ma voiture est en panne.「僕の車は故障した」は主題 ={ma voiture} と解説 ={est en panne} と分析されやすいという話をしました。ところが実際には会話フランス語では名詞句を主語に持つ文はあまり使われません。それでは会話フランス語で主題・解説構造を持つ文を使いたいと思ったときにどうすればよいかと言うと、このとき用いられるのが転位構文なのです。次の例で話しているのは警察の警部で、麻薬の密売人を取り逃がした部下を叱っているところです。

4) **Vous ne vous imaginez tout de même pas qu'il allait la sortir de sa**

poche, *la came en question*, dans un beau petit paquet, par exemple, avec écrit en gros dessus : *Héroïne*, par exemple ? Figurez-vous que *ces gens-là*, ils se cachent. (...) Vous savez, *la drogue*, c'est interdit, vous savez ça, Graton ?（...）*Les idées*, c'est avant qu'il faut les avoir ! Parce que maintenant, *la came*, elle est envolée, on n'a rien comme piste.（*3 hommes et un couffin*）

> 問題のヤクがたとえばきれいな小箱に入っていて、上に「ヘロイン」と大きく書かれていて、奴がそれをポケットから取り出すなんて思っていたわけじゃないだろう。考えてもみろよ、ああいった連中はこそこそ隠れるんだよ。（…）知ってるだろう、麻薬は禁じられているんだ、知ってるかね、グラトン。（…）アイデアっていうものは事前に思いつかなくてはならないんだ。なぜなら今となってはあのヤクはどこかに消えてしまい、手がかりは何もないからだ。

　転位された名詞句をイタリックにしておきましたが、ずいぶん使われていますね。書き出してみましょう。

5）a. il allait la sortir de sa poche, *la came en question*

　　b. *ces gens-là*, ils se cachent

　　c. *la drogue*, c'est interdit

　　d. *la came*, elle est envolée

　a. だけ右方転位で残りは左方転位です。また転位されているのは a. だけが直接目的語で残りは主語です。また転位された名詞句の性質を見てみると、a. では既出（discourse-old）の定名詞句で「例のヤク」という意味で、聞き手にも何をさしているかわかっています。b. の「ああいった連中」は麻薬密売人をさす総称名詞で、c. も麻薬全般をさす総称です。d. は a. と同じで既出の「例のヤク」をさしています。

　この章の1課（p.106）でお話したように、主題とは話し手がそれについて何かを述べようとする話題ですので、「赤ワインは健康によい」の「赤ワイン」のように総称か、「東京タワーはまもなく電波塔としての役割を終える」の「東京タワー」のように誰でも知っているものか、「昨日おかしな人を見かけたんだが、その人は…」の「その人」のように談話に既出

か、さもなくば目の前のカレーを指さして「このカレーは辛い」と言うときのように発話の場にあるものでなくてはなりません。5）に書き出した転位構文の転位された主題名詞句は総称が二つ、既出の定名詞句が二つあり、主題としての要件を満たしていることがわかります。

La drogue est interdite.「麻薬は禁止されている」のようなふつうの主語・述語構文でも、本来は主題 ={la drogue}、解説 ={est interdite} という解釈が可能ですが、主題・解説構造であることをはっきりさせ、主題を強調するのが転位構文の役割です。La drogue, c'est interdit. と転位すれば、左に出された la drogue が主題であることが強調されます。日本語でそのニュアンスを出すとすれば、「麻薬というのはね、禁止されているんだよ」となるでしょうか。主題は左方転位で示すのが一般的ですが、5）a. のような右方転位は後からこれが主題なのだと念を押す働きがあると言われています。

次に転位構文の形態的特徴を見ておきましょう。まず転位主題を受ける代名詞ですが、転位主題が総称名詞句の場合は ça、特定のものをさす名詞句の場合は il / elle になります。

6）a. Les enfants, ça salit tout.　子供というのは何でも汚してしまう。

　　b. Mes enfants, ils sont dans le jardin.　うちの子供は庭にいる。

動詞が être のときは ça ではなく ce を使いますので、Le vin rouge, c'est bon pour la santé.「赤ワインは健康によい」のようになります。また ce は総称だけでなく、C'est à vous, ce stylo ?「あなたのですか、この万年筆」のように特定のものにも使われます。

冒頭の問題 1）の un succès は総称名詞句ですから、これを受けるには ça しか使うことができません。しかし、2）の SEB は特定のものをさす名詞句ですので、ça と並んで il も使うことができます。

7）a. SEB, c'est bien.

　　b. SEB, il est bien.

では a. と b. ではどうちがうのでしょうか。ここで決め手になるのは、人称代名詞 il / elle はピンポイントで先行詞をさすので狭い指示を行い、

指示代名詞 ce は拡張された指示を行なうという点です。釣りに喩えると、il / elle は竿を使った一本釣り、ce は網でごそっと川底をさらう漁です。ですから b. では il は SEB 社という会社をさすことになり、たとえば「SEB 社は優良企業だ」という意味になります。ところが a. では SEB 社そのものではなく、SEB 社に関係するものなら何でもさすことができます。この例は CM ですから、さしているのは「SEB 社の製品」です。製品の広告であることを考えると、b. よりも a. の方が適していると言えるでしょう。

　どうしても転位構文を使わなくてはならない場合があり、3）がその例です。×L'État est moi. と言うことはできません。動詞が être のコピュラ文で属詞が人称代名詞のときはどうしても L'État, c'est moi. と転位しなくてはなりません。属詞が人称代名詞以外のときでも、Le temps, c'est de l'argent.「時は金なり」のように転位することが好まれます。また次の a. のように動詞の不定形を être で結ぶときや、b. のように長い名詞句が主題になる指定文のときにも転位が必要です。

8）**a. Vouloir, c'est pouvoir.**　やる気があれば何でもできる。

　　b. La plus haute montagne du monde, c'est l'Everest.
　　世界でいちばん高い山はエヴェレストです。

　6 課（p.126）で Il y a ma voiture qui est en panne. のような il y a 構文を見たときに、この構文は hearer-old である ma voiture を主語（＝主題）位置に置かないための手段だと言いました。会話フランス語で Ma voiture est en panne. のような名詞主語文が稀であることを考え合わせると、次のような役割分担ができていると考えられます。

9）a. 主題化するとき　　**Ma voiture, elle est en panne.**
　　b. 主題化しないとき　**Il y a ma voiture qui est en panne.**

　会話では何が話題になっているかを判断して、書き言葉よりも臨機応変にすばやく相手に応じなくてはならないために、主題に関するこのような役割分担が発達したのでしょう。フランス語で会話をするときには、主題は転位されることに注意するとよいでしょう。

語彙の多さと少なさ

　ある事物や動作を言い表すのに、たくさんの種類の語彙を用いる場合と、少ない語彙で済ませる場合とがあります。フランス語で驚くのは衣服の着脱で、身につけるのは mettre、脱ぐのは enlever（または ôter）で全部済ませてしまいます。mettre une veste「上着を着る」、mettre un chapeau「帽子をかぶる」、mettre une ceinture「ベルトを締める」、mettre des chaussures「靴を履く」、mettre une broche「ブローチを留める」、mettre ses lunettes「メガネをかける」と並べればわかるように、日本語では全部使う動詞がちがいます。脱ぐほうは多少種類が少なくなり、「脱ぐ」「はずす」「取る」くらいですが、それでもフランス語の enlever 一本槍には負けてしまいます。

　フランス語の動詞が貧困であることはヴァルトブルク『フランス語の進化と構造』（白水社）でも指摘されていて、ドイツ語では reiten「馬に乗って行く」、fahren「車・船に乗って行く」、gehen「歩いて行く」のように、移動手段によって別々の動詞を使うのに、フランス語では aller à cheval, aller en voiture / bateau, aller à pied と、全部同じ aller で済ましてしまいます。フランス語はこのように抽象的な意味の動詞を基本に用いて、細かなちがいはその後に続く語句に任せる表現方法を好むのです。

　これとは逆の場合が動物の鳴き声を表す動詞です。日本語では「犬が吠える」「猫が鳴く」のように、どんな動物にも「吠える」か「鳴く」を使いますが、フランス語では犬は aboyer、猫は miauler、馬は hennir、牛は meugler とちがう語彙を使います。鳥には chanter をよく使いますが、それ以外に鴉は croasser、ヒバリは grisoller、アヒルは cancaner のように特別な言い方があります。語彙の細分化は言語によってずいぶんちがうようです。

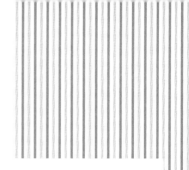

5章
出来事や行為をあらわす：動詞と態

文のなかで出来事を表す役目は主に動詞が担っています。動詞の大事な顔として態（voix）があり、フランス語では能動態と受動態を区別するのがふつうです。Paul a écrit cette lettre.「ポールはこの手紙を書いた」が能動態で、Cette lettre a été écrite par Paul.「この手紙はポールによって書かれた」が受動態です。ところがフランス語では能動態と受動態の他にも、代名動詞と非人称構文が態に関わるはたらきをしています。フランス語が出来事を表す基本的なパターンは「誰かが何かをする」という図式ですが、出来事によってはこのパターンにうまく納まらないものもあります。これをどう表現するかというやり方が日本語とフランス語では大きく異なります。この章では出来事の表し方を中心に見ることにしましょう。

1課　彼女はみんなに好かれている
— 能動態と受動態

||||||||||||||||||||||||||||||

問題　次の文を受動文にしてみましょう。

1) Les socialistes ont vivement critiqué ce projet de loi.

社会党員はこの法案を厳しく批判した。

2) Un haut mur entoure cette ville.

高い壁がこの町を取り囲んでいる。

3) On cultive le riz dans cette région.

この地方では米を栽培している。

正解は次のようになります。

4) [=1)] Ce projet de loi a été vivement critiqué par les socialistes.

5) [=2)] Cette ville est entourée d'un haut mur.

6) [=3)] Le riz est cultivé dans cette région.

　受動文は能動文の直接目的語を主語にして、動詞を être+ 過去分詞の形に変えます。もとの能動文の主語は「〜によって」という動作主補語に変わりますが、このとき前置詞の par と de に使い分けがあります。par は動詞の表す意味に動作性・行為性が高いとき、de はそれが低いときに用いられます。4) では critiquer「批判する」の動作性が高いので par を用い、5) では entourer「取り囲んでいる」が動きのない状態を表し動作性が低いので de が用いられます。同じ entourer という動詞でも、Les gangsters ont été entourés par les agents de police.「ギャングたちは警官に取り囲まれた」のように動作性が高いと par が使われます。6) では能動文の主語が不特定の人を表す代名詞 on ですので、受動文にしたときにはこれを省略します。× par on とすることはできません。

　そもそも受動文とはどのようなときに使うものなのでしょうか。第一の

機能は直接目的語の主題化です。次の二つの例を較べてみましょう。

7）**Le gouvernement a déposé un nouveau projet de loi. Les socialistes ont vivement critiqué ce projet de loi.**

　　政府は新しい法案を提出した。社会党員たちはこの法案を厳しく批判した。

8）**Le gouvernement a déposé un nouveau projet de loi. Ce projet de loi a été vivement critiqué par les socialistes.**

　　政府は新しい法案を提出した。この法案は社会党員たちに厳しく批判された。

　7）の能動文を使った例では、「政府が新しい法案を提出した」という出来事と、「社会党員たちがこの法案を厳しく批判した」という出来事が並列されていて、ばらばらな印象を受けます。これにたいして 8）では二つ目の文が受動文になっていて、ce projet de loi は主語（＝主題）の位置に置かれています。すると一つ目の文によって談話に導入された un nouveau projet de loi が ce projet de loi と言い換えられて取り上げられることで、二つ目の文が ce projet de loi を主題とする文であることがはっきりします。このためばらばらな印象を与える 7）に較べて 8）は主題関係の流れがよく、一つ目の文と二つ目の文のつながりが滑らかになります。

　直接目的語の主題化と表裏一体の関係にあるのが、動作主の背景化です。次の文は新聞の Le prix Nobel de l'économie décerné à deux Américains「ノーベル経済学賞は二人のアメリカ人が受賞」と題された記事の冒頭です。

9）**Le prix Nobel d'économie *est décerné* aux économistes américains Oliver Williamson, connu pour son travail réalisé sur la théorie des coûts de transaction, et Elinor Ostrom, connue pour ses travaux sur la théorie de l'action collective et des biens publics. Ils *sont récompensés* « pour leurs travaux sur la gouvernance économique ».**

　　ノーベル経済学賞は，取引コスト理論に関する業績で知られるオリビエ・ウィリアムソンと、集団行動と共有資源の理論に関する研究で知られるエリノア・オストロムの二人のアメリカ人経済学者に授与される。二人は「経済ガバナンスに関する業績」が評価された。

毎年年末になると今年のノーベル賞は誰が受賞するのかが話題を集めます。この記事のタイトルの主題はこの関心を反映して、Le prix Nobel de l'économie「ノーベル経済学賞」です。記事の一つ目の文で受動文 Le prix Nobel d'économie *est décerné...* が用いられていますが、ここには先ほど説明した直接目的語の主題化が働いています。タイトルですでに主題に取り上げられているのですから、本文の最初は「ノーベル経済学賞は…」と主題になるのが順当です。しかしこの受動文の機能はそれだけではありません。ノーベル経済学賞を授与するのはスウェーデン王立科学アカデミーなので、それを動作主体として L'Académie royale des sciences de Suède a décerné le prix Nobel de l'économie à deux économistes américains.「スウェーデン王立科学アカデミーは二人のアメリカ人経済学者にノーベル経済学賞を授与した」と能動文で表現することもできます。しかしノーベル経済学賞を決めるのは毎年このアカデミーなのですから、「誰が授与するか」はニュースとしての価値がありません。もっぱら関心は「何賞が誰に授与されるか」に集中します。「誰が授与するか」は関心が低いため、記事の一つ目の受動文では削除されています。これが「動作主の背景化」です。動作主は二つ目の受動文 Ils *sont récompensés...* でも削除されています。実は受動文では par ～という動作主補語は削除されることが多く、ある調査では受動文の 5 分の 4 が動作主補語を持たないことがわかっています。

　「誰がするのか」への言及を避ける代表的なジャンルは法律と科学的文章でしょう。

10）Stationnement interdit.　駐車禁止。

11）Toute infraction sera sévèrement punie.　違反は厳しく罰せられる。

　10）では受動態は使われていませんが、全体を名詞表現にすることで「誰が禁じるのか」という禁止主体を隠しています。11）は受動態で動作主補語がありません。法律のように誰でも従わなくてはならない規律や、科学の法則のように逆らうことのできないものは受動文で表現されることが多いのです。

138

　ただし、フランス語は受動態を嫌うと言われています。実際に調査してみると、確かに英語や日本語に較べてフランス語では受動文は少ないのです。「主語―動詞―直接目的語」という語順を**直接語順**（ordre direct）と呼びますが、フランス語は直接語順を好む傾向が他の言語よりも強いのです。ラテン語の homo「人間」を語源とする homme と並んで主格形の on が人一般を表す不定主語として発達したのもそのためです。On fait le pain avec de la farine et de l'eau. のように on を主語に持つ文は、「パンは小麦粉と水で作られます」のように受動文で訳せます。その理由は on を使うと直接語順を守りながら動作主をぼかす働きがあり、この点で受動文と共通した性質があるためです。

　英語では John gave me a book.「ジョンは私に本をくれた」を元にして、A book was given to me（by John）. / I was given a book（by John）. の二つの受動文ができます。しかしフランス語では間接目的語を主語とする 12）c. のような受動文は作ることができません。

12）a.　**Jean m'a donné un livre.**

　　b.　**Un livre m'a été donné（par Jean）.**

　　c.　[×]**J'ai été donné un livre（par Jean）.**

　間接目的語を主語とする受動文を作りたいときに使われるのが se voir です。この構文では動作主補語 par ～ を付けることはできません。

13）a.　**L'Académie a décerné le Grand prix à M. Robert.**

　　　アカデミーはグランプリをロベール氏に授与した。

　　b.　**M. Robert s'est vu décerner le Grand prix.**

　　　ロベール氏はグランプリを受賞した。

　ただし、例外が二つあり pardonner と obéir は Vous êtes pardonné.「あなたは許されている」、Il est obéi de ses subordonnés.「彼は部下に服従されている」のように、間接目的語を主語とする受動文を作ることができます。これは二つの動詞が昔は直接目的語を取っていたことの名残りだと言われています。

2課　嵐は私たちの出発を妨げた

― 無生物主語構文

[問題]　次の文をフランス語に訳してみましょう。

1）不注意のせいで彼は重大なミスをした。

2）あなたがいてくれて私たちは嬉しい。

　日本語の構文になるべく忠実に訳してみると、次のようになるでしょう。

3）**Il a fait une faute grave par inattention.**

4）**Nous sommes réjouis parce que vous êtes là.**

　しかし次のように訳すこともできます。

5）**Son inattention a causé une faute grave.**

6）**Votre présence nous réjouit.**

　どちらも正しい訳ですが、フランス語は特に書き言葉で3）4）よりも5）6）の方を好む傾向があります。4）が複文であるのにたいして、6）はよりシンプルな構造になっているというのも理由の一つですが、それだけではありません。この章の1課（p.136）でフランス語は［主語―動詞―直接目的語］という直接語順（ordre direct）を他の言語よりも好む傾向があるという話をしました。そのことはフランス語が受動態を嫌う原因となっていましたが、ここでは直接語順のもう一つの側面を考えてみましょう。

　その昔、1950年代に全盛であったアメリカ構造主義言語学の泰斗ブルームフィールドは、どの言語にも好まれる文型（preferred clause pattern）があると言いました。そして英語の好みのパターンは［actor―action］であると述べています。つまり「誰か」（actor）が「何かをする」（action）というパターンです。これは何か事態が生じたとき、行為者（actor）を中心に据えて事態を認識・表現するということに他なりません。

　例えば皿洗いの途中で手が滑ってコップを落として割ったとします。こ

の事態を「コップが割れた」と表現すると、「誰が割ったか」という行為者を問題にしないことになります。まるでひとりでに起きたことのようです。一方、「お前がコップを割った」というのは行為者を前面に出した表現です。この「お前がコップを割った」がブルームフィールドの言う［actor—action］で、行為者（actor）を中心に事態を表現する仕方です。言語学ではこのようなパターンを好む言語を**スル型言語**（*do*-language）と呼んでいます。一方、「コップが割れた」は事態がひとりでに起きたかのような捉え方で、このパターンを好む言語を**ナル型言語**（*become*-language）といいます。フランス語は典型的な「スル型言語」で、日本語は典型的な「ナル型言語」です。日本語では「私たちこのたび結婚することになりました」のように、自分で決めたことでも自然にそうなったかのように表現するのが好まれます。このためフランス語と日本語とでは事態の把握・表現の仕方が 180 度異なることがあります。

7）**a. J'ai perdu un bouton.**

　　b. ボタンが取れてしまった。

8）**a. Je ne t'entends pas bien.**

　　b. よく聞こえない。

9）**a. Nous avons des tomates fraîches.**

　　b. 新鮮なトマトがありますよ。

　フランス語の a. ではいずれも「私」「私たち」を主語に立てて「何かをする」というパターンになっています。日本語の b. ではそうではなく、事態に行為者である「私」が関与しない表現になっています。

　フランス語の特徴はこの［actor — action］パターンを、本来ならば行為者にはならないはずの物や抽象的概念にまで拡張したところにあります。5）の主語 son inattention「彼の不注意」や 6）の主語 votre présence「あなたがいること」は抽象名詞で、本来ならば何かをする能力を持っていません。ところがフランス語は直接語順と［actor — action］パターンへの偏愛ゆえに、物や抽象名詞までをも行為者として主語に立てるのです。これを

141

無生物主語構文と呼びます。日本語では 5) 6) を直訳した「彼の不注意が重大なミスを引き起こした」「あなたの列席は私たちを喜ばせる」は、よくて翻訳調で悪くすれば非常に不自然な日本語になってしまいます。

　日本語が無生物主語構文を嫌うことは外国人研究者にも早くから気づかれていました。明治政府のお雇い外人として東京帝国大学（現在の東京大学）言語学科の初代教授を務めたチェンバレンは、Despair drove him mad.「絶望が彼を狂気へと追いやった」のような無生物主語構文が使えないのは日本語の大きな欠陥であると著書に書いています。一方、夏目漱石はもともと英文学者でしたので、このような英語の語法には精通していたはずなのですが、「所謂（いわゆる）抽象的事物の擬人法」はわざとらしくて気取っていて厭うべきものであると断じているのはおもしろいことです。

　一方、［actor — action］パターンを英語以上に好むフランス語でも、この傾向は特に書き言葉で顕著なので、フランス人でも学習と修得が必要なようです。フランスの学校で長く使われてきたルグラン（E. Legrand）の *Stylistique française*『フランス語文体論』という教科書には、次の a. を b. に書き換えよという練習問題がたくさん載っています。b. の訳はあえて直訳にしました。

10) **a. Comme il n'est pas ici, je ne puis rien révéler.**

　　　彼がここにいないので、私は何もお話できません。

　　b. Son absence m'interdit toute révélation.

　　　彼の不在が私にいかなる暴露も禁じる。

11) **a. Lorsque nous sommes sans inquiétude, nous cessons d'être d'accord.**

　　　私たちに心配事がないとき、私たちの意見は分かれる。

　　b. La sécurité nous divise.

　　　安心感は私たちを分裂させる。

　a. は主節と従属節からなる複文で、b. は無生物主語構文ですが、b. のほうがコンパクトできりっと引き締まった文になっています。フランス人も学校の作文授業でのこのような書き換え作業によって、無生物主語構文を使いこなせるようになるようです。

　一方、ナル型言語である日本語の思考法に馴染んできた私たちは、かなり発想法そのものを切り替えないと無生物主語構文を使いこなすことができません。

　無生物主語構文は多岐にわたる用法を持ちますが、なかでも次のような動詞がよく用いられます。

（A）原因 X が結果 Y を引き起こす：entraîner, causer, amener, provoquer, *etc.*

Cette décision a entraîné de graves conséquences.
この決定は重大な結果を招いた。

（B）原因 X が結果 Y を妨げる：empêcher, interdire, *etc.*

L'orage nous a empêchés de partir.　嵐のせいで私たちは出発できなかった。

（C）原因 X が結果 Y を可能にする：permettre, autoriser, encourager, *etc.*

Son silence permet tous les doutes.　彼が黙っているので疑惑が渦巻く。

（D）原因 X が Y を奪う：priver, ôter, enlever, *etc.*

La chaleur nous prive de toute force.　暑さのせいで体力が消耗する。

（E）X が喜び・驚き・悲しみなどの原因となる：réjouir, étonner, attrister, *etc.*

Son indifférence a étonné tous.　彼の無関心さにみんな驚いた。

（F）原因 X が Y を明らかにする：révéler, trahir, rappeler, *etc.*

Ses paroles révélaient la modestie.　彼の言葉から謙虚さが滲み出ていた。

　いずれも何らかの状態変化を引き起こしたり妨げたりするという意味を持つ代表的な動詞です。もちろん無生物主語構文はこれ以外の動詞でも可能で、La photo vous flatte.「あなたは写真写りがいい」という用例などを見ると、日本語的な発想ではとうてい思いつくことができないと痛感します。

　無生物主語構文の極北はおそらく Noblesse oblige. という格言でしょう。これは「貴族の身分にはそれ相応の義務が伴うものだ」という意味の格言ですが、日本語ではとてもコンパクトに表現することができません。無生物主語構文は、抽象的概念を関連づけ対立させて論述を進めるフランス語の文章の書き方に大きな影響を及ぼしています。フランス語らしい文を書くためには、無生物主語構文に馴染むことが必要でしょう。

3課　火は自分で自分を消すか？

— 自他の区別と代名動詞

〔問題〕　ペアをなす次の文をフランス語にしてみましょう。

1）**a.** 彼はドアを開けた。/ **b.** ドアが開いた。

2）**a.** 彼はハンカチを落とした。/ **b.** ハンカチが落ちた。

　1）の答は3）、2）の答は4）になります。

3）**a.** Il a ouvert la porte.　/ **b.** La porte s'est ouverte.

4）**a.** Il a laissé tomber un mouchoir.　/ **b.** Un mouchoir est tombé.

「開ける」「開く」や「落とす」「落ちる」のペアを文法では自他の区別といいます。「開ける」は他動詞で、何かに働きかけて事態を引き起こす意味を持ち、「開く」は自動詞で、働きかけなしにひとりでに起きた事態を表します。日本語は自他の区別を動詞の形態で体系的に示す言語です。「消す」「消える」、「外す」「外れる」のように自他の区別は広く動詞全般に見られます。これと対極にあるのが英語です。英語では He opened the door.「彼はドアを開けた」、The door opened.「ドアが開いた」のように、同じ形態の動詞が自動詞としても他動詞としても使われます。lay「横たえる」lie「横たわる」、raise「上げる」rise「上がる」のようにごく少数自他の区別がありますが、これは古英語の名残です。

　フランス語で同じ形態の動詞が自動詞としても他動詞としても用いられる例は少数しかありません。

5）a. Il a cassé la branche.　　彼は枝を折った。

　　b. La branche a cassé.　　枝が折れた。

6）a. L'âge a blanchi ses cheveux.　　寄る年波で彼の髪は白くなった。

　　b. Ses cheveux ont blanchi.　　彼の髪は白くなった。

7）a. Il a sonné la cloche.　　彼は鐘を鳴らした。

　　　b. La cloche a sonné.　鐘が鳴った。

　またたとえ同じ動詞が自他のペアをなしていても、特殊な意味を帯びることがあります。

8）a. Il a fermé la fenêtre.　彼は窓を閉めた。

　　　b. Cette fenêtre ferme mal.　この窓は閉まりにくい。

　b. の自動詞用法の fermer は bien、mal などの副詞をつけて「閉まりにくい」など窓の性質を表す場合か、La bibliothèque ferme à 17 heures.「図書館は 17 時に閉館します」のように習慣を表す場合に用い、「この窓が閉まった」×Cette fenêtre a fermé. のように出来事を表すことができません。

　それではフランス語で自他の区別を表す一般的な方法は何かというと、それは他動詞と代名動詞のペアになります。

9）a. Elle a fermé la porte.　彼女はドアを閉めた。

　　　b. La porte s'est fermée.　ドアが閉まった。

10）a. Il a éteint le feu.　彼は火を消した。

　　　b. Le feu s'est éteint.　火が消えた。

　ふつう文法で代名動詞の用法は、再帰的・相互的・受動的とその他に分類され、自動詞用法は再帰的用法に入れられていることもあります。しかし再帰的とは「顔を洗う」のように、自分で自分に何かするという意味ですので、自動詞用法を再帰的用法に分類するのはおかしいでしょう。火は自分で自分を消したりしないからです。自動詞はあくまでひとりでに起きた出来事を表すものです。

　それでは冒頭の問題 2) の「落とす」「落ちる」がフランス語では他動詞と代名動詞のペアにならないのはなぜでしょうか。自他の区別があるとき、他動詞から自動詞が派生したのか、その逆かを見極めることは難しいのですが、フランス語では他動詞から自動詞という流れが主流のようです。それは 9) の fermer - se fermer、10) の éteindre - s'éteindre のペアを見てもわかるでしょう。他動詞に se をつけて自動詞を形成するのが最も広く見られる手段です。

ただし、どんな他動詞でも se をつけて自動詞にすることができるわけではありません。se をつけたとき、ひとりでに起きた出来事を表すことができないとだめなのです。たとえば manger「食べる」という他動詞はその意味から言って必ず行為者を必要とします。ですから se manger という形にして自動詞化することはできません。se manger という代名動詞はありますが、それは次の課で取り上げる受動的用法になります。

　一方で最初から自動詞として存在するものもあります。marcher「歩く」、dormir「眠る」、exister「存在する」、crier「叫ぶ」、éternuer「くしゃみをする」、tomber「落ちる」などがその例です。se を付けて他動詞を自動詞にしたように、語彙形態的方法で自動詞を他動詞にするしくみはフランス語にはありません。そこで使役動詞 faire や許容動詞 laisser を付けて統語的手段で他動詞を作ることになります。

11) a. **Un mouchoir est tombé.**　ハンカチが落ちた。

　　b. **Il a laissé tomber un mouchoir.**　彼はハンカチを落とした。

12) a. **Un pigeon a disparu.**　鳩が消えた。

　　b. **Le prestidigitateur a fait disparaître un pigeon.**　奇術師は鳩を消した。

13) a. **La température a encore monté.**　体温はまた上昇した。

　　b. **L'alcool fait monter la température.**　酒は体温を上げる。

　これ以外にも、fondre「溶ける」/ faire fondre「溶かす」、descendre「下がる」/ faire descendre「下げる」、bouillir「沸く」/ faire bouillir「沸かす」、cuire「煮える」/ faire cuire「煮る」などがあります。

　動詞のなかには monter, descendre, sortir のように自動詞用法と他動詞用法の両方を持つものがあります。

14) a. **Il a monté ses bagages au premier étage.**　彼は荷物を2階に上げた。

　　b. **La fumée est montée au ciel.**　煙は空へと立ち上った。

15) a. **Il a sorti un livre de son sac.**　彼はかばんから本を取り出した。

　　b. **Une fumée noire sort de l'usine.**　黒い煙が工場から出ている。

　同じ一つの動詞が自他の対応を成しているように見えますが、それは見

せかけにすぎません。次のペアを作ることができないからです。

16） a.　**Il a monté ses bagages.**　彼は荷物を上に上げた。

　　 b. × **Ses bagages sont（ont）monté（s）.**　荷物は上に上がった。

　荷物はひとりでに上に上がることはありません。自動詞用法の monter は人・動物・風船・煙・エレベーターなど、自力で上がる能力を備えたものにしか使えません。ひとりでに起きた事態を表すことができないのです。ですから 14）15）の a. と b. は本当の自他の区別ではありません。本当の自他の区別は 13）の monter / faire monter の方です。

　自動詞のなかで faire / laisser を付加して他動詞を作ることができるのは、元の自動詞がひとりでに起きる事態を表す tomber や disparaître のような動詞に限られます。自動詞のなかでも marcher「歩く」、dormir「眠る」のように意図的に行なうことを表すものに faire をつけると、他動詞ではなく使役表現になってしまいます。

17） a. **Il a dormi.**　彼は眠った。

　　 b. **Paul a fait dormir le bébé.**　ポールは赤ん坊を眠らせた。

　この点は日本語でも同じで、「歩く」「歩かせる」は自動詞と使役表現のペアになり、「歩く」に対応する他動詞はありません。

　フランス語の自他の区別はなかなか複雑ですが、まとめると次のようになるでしょう。

（A）同じ動詞が自他両方に用いられる（少数）

　casser, sonner, finir, commencer, brûler, sécher, geler, *etc.*

（B）他動詞に se を付けて自動詞にする（多数）

　ouvrir - s'ouvrir, éteindre - s'éteindre, allumer - s'allumer, *etc.*

（C）自動詞に faire, laisser を付けて他動詞にする（少数）

　fondre - faire fondre, disparaître - faire disparaître, *etc.*

　ただし語彙にはばらつきが多く、mourir「死ぬ」/ tuer「殺す」のようにまったく異なる動詞が自他のペアになったり、être「ある」、rester「残る」のように他動詞を欠く動詞もあります。

4課　白ワインは冷やして飲みます
── 代名動詞の受動的用法

∎∎∎∎∎∎∎∎∎∎∎∎∎∎∎∎∎∎∎∎∎

〔問題〕　次を受身的意味の文にするとき、〈être+ 過去分詞〉か代名動詞の受動的用法のどちらを使えばよいか考えてみましょう。

1）Le vin blanc（boire）frais.　白ワインは冷やして飲みます。

2）Le tabac（importer）en Europe au XVIe siècle.
タバコは 16 世紀にヨーロッパにもたらされた。

3）Le piano ne（apprendre）pas facilement.　ピアノはかんたんに習得できない。

　正解は 1）Le vin blanc se boit frais.　2）Le tabac a été importé en Europe au XVIe siècle.　3）Le piano ne s'apprend pas facilement. です。1）と 3）は代名動詞の受動的用法、2）は〈être+ 過去分詞〉を用いた受動文になります。いったい何が選択の決め手になるのでしょうか。

　フランス語に〈être+ 過去分詞〉と代名動詞という受身的意味を表す二つの手段があるのは重複して無駄なように見えますが、実はそうではなくきちんと役割分担があります。両者の表す意味のちがいを抽象的に表現すると次のようになるでしょう。

　（A）〈être+ 過去分詞〉: 個別的、一時的

　（B）代名動詞の受動的用法 : 総称的、汎時的

　具体例で説明しましょう。

4）a. Cette voiture se gare facilement.　この車はかんたんに駐車できる。

　　b. Cette voiture a été garée dans la cour.　その車は中庭に駐車された。

　まず a. はたとえばルノー社の Lutecia という車種は小回りがきくので、どんな狭い所にでも駐車ができるという意味ですが、ポイントが二つあります。第一は目の前にある 1 台の Lutecia を指さしながら言った場合でも、目の前の車だけに当てはまるのではなく、Lutecia という車種一般に当ては

まることを述べているという点です。これが代名動詞の持つ「総称的」な意味です。第二のポイントは、この文が「一回だけかんたんに駐車できた」という個別的出来事を表すのではなく、「いついかなる時でもかんたんに駐車できる」という、時間に関係なく成り立つ性質を述べているという点です。この二つのポイントに関して、b. の〈être+ 過去分詞〉による受動文は対極的です。まず b. の cette voiture は話題になっている 1 台の車だけをさしています。またたとえば今朝中庭に駐車されたという出来事を表しており、いつでも成り立つ性質を述べているのではありません。このように代名動詞の受動的用法と〈être+ 過去分詞〉の受動文は、前者が総称的・汎時的、後者が個別的・一時的という対立によって棲み分けているのです。

　主語が総称的か個別的かという区別は、次の例では消えているように見えます。どちらも一つしかない東京タワーについて述べているからです。

5）**a. La tour de Tokyo se voit de loin.**　東京タワーは遠くから見える。

　　b. La tour de Tokyo est vue de loin.　東京タワーは遠くから見られている。

しかしここにも意味のちがいはあり、a. は東京タワーについていつでも誰にとっても成り立つことを述べているのにたいして、b. は東京タワーが今誰かによって観察されているという一時的事態を表します。

　代名動詞の受動的用法はこのように総称的・汎時的な意味に特化されているので、時制は習慣を表す現在形と半過去形に置かれる場合がほとんどです。一時的事態を表す複合過去形や単純未来形にすることはできません。

6）**a.　Le noir se porte beaucoup cette année.**　今年は黒がよく着られている。

　　b.　Le noir se portait beaucoup l'année dernière.
　　　　去年は黒がよく着られていた。

　　c.　[×]**Le noir s'est porté hier à la fête de mon village.**
　　　　昨日うちの村祭りで黒が着られた。

ただし複合過去形でも次のように習慣的事態を表す用法ならば使うことができます。

7）**Le rouge s'est toujours porté plus que le jaune.**

赤は今までずっと黄色よりもよく着られてきた。

　代名動詞の受動的用法と〈être+ 過去分詞〉受動文のもう一つの大きな
ちがいは、par 〜による動作主補語を付けることができるかどうかです。

8）a. Ce livre se lit facilement（× par les enfants）.
この本は（×子供たちによって）かんたんに読める。

　b. Ce livre est lu par les adolescents. この本は若者に読まれている。

　a. の代名動詞では par les enfants を付けることができませんが、b. の受
動文では付けることができます。その理由は代名動詞の受動的用法が総称
的・汎時的な主語の性質を表すことにあります。8）a. の文が意味してい
るのは、この本はやさしく書かれているので〈読みやすい〉という属性を
持っているということです。本自体がそのような属性を持っているのです
から、いつ、どこで、誰が読んでも読みやすいわけです。代名動詞の受動
的用法は、「誰がするか」という行為者を排除することで主語の持つ恒常
的属性を表しているので、もともと行為者を表す par 〜を許さないしくみ
になっているのです。

　また代名動詞の受動的用法は、主語が 3 人称で、しかも物に限られる
と言われることがあります。

9）a. Ce chemisier se lave à l'eau. このブラウスは水で洗える。

　b. Je me lave à l'eau froide. 私は冷水で体を洗う。

　a. は代名動詞の受動的用法ですが、b. のように主語に je を持って来ると
「自分で自分を洗う」という再帰的用法になり、受動的用法と解釈すること
ができません。ジーンズに目鼻と手足がついたキャラクターが、Je me lave
à l'eau froide.「僕は冷水で洗えるよ」と CM で言うときは受動的に解釈で
きますが、これは擬人法の逆で人間を物扱いしているのです。また次のよ
うな例もあるので、主語は必ずしも物に限られるわけではありませんが、
いずれにせよ自分の意思で動くことができないものと見なされています。

10）Les enfants, ça se met à la crèche. 子供は保育園に入れられる。

　代名動詞の受動的用法の特徴として、bien や facilement などの主とし

て難易を表す副詞をともなうと言われることがあります。

11）a.　Ce livre se vend bien.　この本はよく売れる。

　　b. ?Ce livre se vend.

12）a.　Cette voiture se gare facilement.　この車はかんたんに駐車できる。

　　b. ?Cette voiture se gare.

　確かに 11）12）では副詞 bien, facilement を取ってしまうとおかしな文になってしまいます。しかしこれは、本はもともと売るもので、車はどこかに駐車するものですから、se vend「売られる」、se gare「駐車される」は本や自動車なら全部が持っている属性で、「この本」「この車」だけが持っている特徴的な属性ではないためです。この本が他の本と較べてどのように売れ方がちがうのか、この車の駐車のしかたが他の車とどうちがうのかを言わないと、意味のある情報を提供したことになりません。

　ところが次の例では副詞がなくても代名動詞の受動的用法は可能です。

13）a. Ça se dit.　そう言います。

　　b. Ça se voit.　見ればわかります。

　　c. Ça ne se fait pas.　そんなことするものではありません。

　たとえば a. は、フランス語である言い回しを使うかどうかたずねる質問に「確かにそう言います」と答えるときに使います。この場合は、「言うか」「言わないか」という二者択一の選択をするのですから、「言う」と答えれば十分な情報を提供したことになります。b. c. にも同じことが言えます。

14）Il semble que j'abuse des mots, (...), que la vérité scientifique qui se démontre ne peut, à aucun titre, se rapprocher de la vérité morale qui se sent.〔H. Poincaré, *La valeur de la science*〕

　　私は言葉を正しく使っておらず（…）証明するものである科学的真理は、心で感じる道徳的真理とは、同列に置くことはできないと思えるかもしれない。

　この例の se démontre「証明される」は科学的真理全体について成り立つことですが、se sent「心で感じる」道徳的真理と対比されているために、副詞がなくてもおかしくないのです。

5課　誰がするわけでなくひとりでに起きること
― 非人称構文

||||||||||||||||||||||||||||||||

問題　次の二つの文がどのような場合に使われるかを考えてみましょう。

1）**Geneviève reste.**

2）**Il reste Geneviève.**

　1）はたとえば、留守番のために誰かが居残らなくてはならないとき、誰が居残るかを相談する場合に使われます。この場合、ジュヌヴィエーヴは相談の結果を受けて自分の意思で残るのです。2）は先生がクラス全員の家庭訪問を済ませたかどうかを名簿で確認している場合などが考えられるでしょう。この場合、ジュヌヴィエーヴ自身の意思は関係ありません。本人の知らないところで事が行なわれていてもかまいません。どうしてこのようなちがいが生じるのでしょうか。またそもそも rester のような動詞が 1）2）二つの構文を取ることができるのはなぜなのでしょう。

　1）のように人や物が主語に立つ文を**人称構文**、2）のように何もささない il が形式的主語になる文を**非人称構文**と呼びます。pleuvoir「雨が降る」、neiger「雪が降る」のような天候を表す動詞や、falloir, s'agir のような一部の動詞は非人称構文でしか使えません。しかし自動詞のなかには人称構文でも非人称構文でも用いることができるものが少なくありません。

3）a. **Un parfum de bougie y flottait encore.**　ろうそくの匂いがまだ漂っていた。

　　b. **Il y flottait encore un parfum de bougie.**

4）a. **Rien ne se passe dans ce village.**　この村では何も起こらない。

　　b. **Il ne se passe rien dans ce village.**

5）a. **Un grand malheur lui est arrivé.**　彼の身に大きな不幸が降りかかった。

　　b. **Il lui est arrivé un grand malheur.**

　まずどうしても非人称構文を用いなくてはならないのは、否定と ne …

que の場合です。フランス語の否定は述語にかかるため、主語は否定の作用域の外に出て否定の対象にはなりません。6) のように主語が定名詞句のとき、主語の le Président は否定の影響を受けません。来なかったからといって、大統領が消えてしまうわけではないからです。

6) a. **Le Président est venu.** 　大統領が来た。

　　 b. **Le Président n'est pas venu.** 　大統領は来なかった。

ところが主語が不定名詞句のときは事情が異なります。

7) a. 　**Un garçon est venu.** 　男の子が来た。

　　 b. ?**Un garçon n'est pas venu.** 　男の子が来なかった。

7) b. はおかしな文で、「何人かいる男の子のうちの一人が来なかった」と読むことはできなくはありませんが、その場合も Un des garçons n'est pas venu. の方が好まれます。たとえばパーティーに来たのは女の子ばかりで、男の子は一人も来なかったという状況だとすると、「男の子」が否定の対象にならなくてはいけません。しかし主語は否定の作用域の外にあります。このジレンマを解決してくれるのが非人称構文です。非人称構文を用いると、主語を否定の作用域に入れることができるのです。

8) **Il n'est pas venu de garçon.** 　男の子が来なかった。

　動詞の右側に置かれた元の主語は直接目的語扱いされますので、否定されると不定冠詞 un が de に変化します。

　これとよく似たケースが ne ... que で、「A しか」の A は que の右側に来なければならないので、主語は ne ... que による制限を受けることができません。非人称構文にするとこれが可能になります。

9) a. ×**Deux euros ne restent que.**

　　 b. **Il ne reste que deux euros.** 　2 ユーロしか残っていない。

次に非人称構文特有の制約に、動詞の右側に置かれる実主語は不定名詞句でなくてはならないというものがあります。次の a. では実主語は不定の trois bus で OK ですが、b. では定の le bus なのでだめです。

10) a. **Il passera *trois bus* d'ici une heure.**

今から 1 時間のうちにバスが 3 台通るだろう。

b. × **Il passera *le bus* d'ici une heure.**

ただし、rester と manquer だけは定の実主語を取ることができます。

11）**a. Il reste *le dernier problème*.** 　最後の問題が残っている。

　　b. Il manque *le premier volume*. 　第 1 巻が欠けている。

その理由はどちらも「母集合 A のうち x が残っている / 欠けている」のように、母集合 A を前提とするためです。「母集合のうちのどれ」という捉え方が、不定とよく似た効果を持つと考えられます。また同じ定でも前方照応や総称でなく、次に来るものをさす後方照応の定ならば許されます。

12）**Si tu désobéis, il t'arrivera *le désagrément suivant* : tu iras au lit sans souper.**

　　　もし言うことを聞かないと、お前は不愉快な目に遭うよ。夜食抜きでベッドに入るんだよ。

ではどのような動詞が非人称構文を取ることができるのでしょうか。まず他動詞はだめで、自動詞と自動詞的な意味を持つ代名動詞に限定されます。そのなかでも特に次のような意味を持つ自動詞と代名動詞が非人称構文でよく用いられます。

存在・残存：exister, rester, demeurer, flotter, régner, se préparer, *etc.*

出現・到来：arriver, venir, advenir, se passer, se dégager, se former, *etc.*

13）**Il flottait sur la ville un épais brouillard.**

　　　町の上には濃い霧がただよっていた。

14）**Il lui échappa un énorme juron.** 　彼の口からひどい悪態が飛び出した。

　この章の 2 課（p.140）でフランス語のような「スル型言語」（*do*-language）が好む表現パターンは［actor—action］、つまり「誰かが何かをする」というパターンだという話をしました。この［actor—action］という構図は統語的には主語・述語に強く結びついています。主語が actor を表し、述語が action を表すのです。このために冒頭の問題 1）Geneviève reste. では、主語は意思と行動力を持つ人間なので、ふつうは「ジュヌヴィエーヴが自分の意思で居残る」という意味に解釈されます。人称構文

は意図的に行う動作という意味と強く結びついているのです。

　これにたいして、主語を形式的主語 il で穴埋めした非人称構文は、い
わば actor を消去しているため、人間の意図とは関係なくひとりでに起き
た事態を表します。次のペアを見るとこのことが感じられるでしょう。

15）**a. Je me souviens d'un triste événement.**

　　　　　私はある悲しい出来事を覚えている。

　b. Il me souvient d'un triste événement.

　　　　　ある悲しい出来事が記憶に甦ってくる。

　訳にも工夫をしてみました。a. は私が忘れないようにしているのです
が、b. は私の意図とは関係なく思い出がむこうからやって来るのです。

　非人称でよく使われる動詞に、存在・残存、出現・到来を表すものが多
いのは、これらの事態が「ひとりでに起きる現象」という意味タイプをな
しているため、非人称構文の持つ「actor の消去」という構文的意味と相
性がよいからです。他動詞が非人称構文から締め出されているのも、他動
詞がもともと［actor—action］パターンを前提としていて、actor を消去
することが困難だからです。典型的な「スル型言語」であるフランス語で
は、人称構文が［actor—action］という意味パターンと強く結びついてい
るが故に、その意味パターンでは表現しにくい「ひとりでに起きる現象」
を表すために非人称構文を必要としたと考えられます。

　前ページで非人称構文でよく使われる動詞を列挙しましたが、このリス
トは決して閉じられたリストではありません。『フランス文法論』には次
のような例があげられています。

16）**Ses yeux étaient à peu près de la couleur du ciel ce soir-là, à cette
　　chose près qu'*il y dansait* l'or de ses cheveux.**（M. Duras, *Moderato
　　cantabile*）

　　　　　彼の目はその夜は空の色に近かった。とはいえ目には髪の毛の金色が踊ってはいたが。

　ふつう非人称構文では用いられない danser という動詞が使われていま
す。danser がある様態をともなう存在表現となっているわけです。

6課　自分のからだは特別だ
— 身体部位と代名動詞と冠詞

‖‖‖‖‖‖‖‖‖‖‖‖‖‖‖‖‖‖‖‖‖‖‖‖

問題　次の文を（　　）の動詞を使ってフランス語に訳してみましょう。

1） 私は頭を壁にぶつけた（**cogner**）。

2） 彼は背中をかいた（**gratter**）。

　正解は 1）Je me suis cogné la tête contre le mur.　2）Il s'est gratté le dos. です。ポイントは二つあります。代名動詞が用いられることと、体の一部を表す名詞に定冠詞が付くことです。

　英語や日本語では自分の体の部分を特別視することがなく、他人の体や石ころとか机などの事物と同じように扱います。次の例の a. は自分の手、b. は他人の手ですが、まったく同じ構文で所有形容詞が my と her でちがうだけです。また目的語が体の一部ではなく「車」のような事物でも事情は変わりません。英語や日本語はこのような区別に無関心な言語です。

3） **a. I washed my hands.** 　私は手を洗った。

　　 b. I washed her hands. 　私は彼女の手を洗ってやった。

　　 c. I washed the car. 　私は車を洗った。

　ところがフランス語では事情が異なります。

4） **a. Je me suis lavé les mains.** 　私は手を洗った。

　　 b. J'ai lavé ses mains. 　私は彼女の手を洗ってやった。

　　 c. J'ai lavé la voiture. 　私は車を洗った。

　フランス語では自分の体の一部が関わる a. と、そうではない b. c. とを厳密に区別します。その理由は、自分で自分に何かをする再帰的事態と、誰か別の人にする他動的事態をフランス語が区別するからです。

　再帰的事態においては、主語の「私」は「する人」であると同時に「される人」でもあります。私が風呂で体を洗うとき、私は洗う人であり洗わ

れる人です。つまり半分他動的であり、半分受動的なのです。このどっちつかずの状態を言語学では**中間態**（voix moyenne）と呼んでいて、ヨーロッパの諸言語に広く見ることができます。このために 4) a. のように私が自分自身の体に何かをする場合には、フランス語では中間態の表現である代名動詞を用いなくてはなりません。

　朝起きてから身支度するまでを表す動詞を並べてみましょう。se réveiller「目覚める」、se lever「起床する」、s'habiller「服を着る」、se laver la figure「顔を洗う」、se brosser les dents「歯をみがく」、se peigner「髪をとかす」、se maquiller「化粧をする」、se regarder dans le miroir「鏡に映して自分を見る」と代名動詞のオンパレードです。このうち se réveiller だけは再帰的ではなく自動詞的用法です。このようにフランス語の世界では「自分の体」は特別視されていて、別格の扱いを受けているのです。

　もう一つ中間態に関係するのは代名動詞の相互的用法です。相互的用法とは次の例のように、「お互いに〜する」という場合です。

5) Ils se connaissent depuis longtemps.　彼らは昔からの知り合いだ。

　「彼ら」というのが Paul と Marie の二人だとすると、Paul は Marie を知っていて、Marie も Paul を知っているわけです。相互的用法においても、「する人」であると同時に「される人」でもあるという関係が成立します。このため「私たちは駅で出会った」は英語では We met at the station. となり動詞はただの meet ですが、フランス語では Nous nous sommes rencontrés à la gare. で代名動詞の se rencontrer になります。「明日会いましょう」を ˣOn verra demain. としてしまうのはよくあるまちがいで、se voir を使って On se verra demain. としなくてはなりません。

　もう一つのポイントの冠詞に話を移しましょう。英語の I wash my hands. では所有者の表現は所有形容詞 my が担っています。一方フランス語では Je me lave les mains. で「手」に所有形容詞ではなく定冠詞が付いています。では何が誰の手かを表しているかというと、再帰代名詞の me です。「私は私を（me）洗う」が基本としてあり、les mains はその一部をな

しているので、当然ながら他人の手ではなく私の手ということになります。

このように「誰」という情報が目的格代名詞などで表現されているとき、体の一部を表す名詞が定冠詞を取るというのは、代名動詞以外の構文でも広く見られる現象です。

5）**Il m'a tapé sur *l'épaule*.**　彼は私の肩をたたいた。

6）**Je lui ai tordu *le cou*.**　私は彼の首を絞めた。

7）**Une pierre lui est tombée sur *la tête*.**　彼の頭に石が落ちて来た。

体の一部の所有者は 5）では直接目的格代名詞 me、6）と 7）では間接目的格代名詞の lui になっています。「彼は私の肩をたたいた」という日本語をフランス語に訳すと、Il a tapé mon épaule. としたくなります。これもまちがいではないのですが、「私」を直接目的格代名詞 me にして、「彼は私をたたいた」という事態を中心にすえて、「肩」は補足的情報とし添えるほうがフランス語では好まれます。「私」を全体とし、「肩」を部分とすると、「全体」が事態の中心に置かれると言ってもよいでしょう。

ただしこのような表現ができるのは体の一部に限られます。身に付けていても衣服には適用されません。

8）**Il m'a touché { la main / ×la veste }.**　彼は私の ｛手 / ×上着｝ に触れた。

衣服の場合は Il a touché ma veste. のように言わなくてはなりません。

体の一部の所有者が目的格代名詞ではなく主語代名詞のことも少なくありません。

9）**J'ai mal à *l'estomac*.**　私は胃が痛い。

10）**Elle a froncé *les sourcils*.**　彼女は眉をひそめた。

11）**Il a hoché *la tête*.**　彼は首を振った。

12）**Elle a fermé *les yeux*.**　彼女は目を閉じた。

ただし、Il a détourné *les*（*ses*）yeux.「彼は目をそらした」のように、体の一部を表す名詞に定冠詞を付けても所有形容詞を付けてもよいケースもあります。傾向としては fermer *les* yeux「目を閉じる」、froncer *les* sourcils「眉をひそめる」、dresser *l'*oreille「耳をそばだてる」のようにほ

ぽ定型化されている表現には定冠詞が用いられ、次のようにあまり使われ
ない表現になると所有形容詞が出て来るようです。

13) **J'ai montré *mes* yeux à l'ophtalmologue.**　私は眼科医に目を見せた。

14) **J'ai rafraîchi *mes* yeux avec de l'eau.**　私は目を水で冷やした。

　体の部分を表す表現でちょっと驚くのは次のような用法でしょう。

15) **L'enfant restait debout, *les mains dans les poches*.**

　　　その子はポケットに手を入れたまま立っていた。

16) **Il lisait, *le dos courbé*.**　彼は背中を丸めて本を読んでいた。

　15) の les mains dans les poches は、これだけ取り出したら「ポケット
に入れた手」という大きな名詞なのですが、15) では主語の l'enfant にか
かる同格の形容詞句とみなされます。主語名詞句の置かれている状態を表
しているのです。「口にものをほおばったまま話してはいけません」は、
英語では Don't speak with your mouth full. ですが、フランス語では Ne
parle pas la bouche pleine. と言い、英語とちがう構文になるのがわかりま
す。15) 16) のように体の部分を表す名詞には定冠詞が付きますが、pieds
nus「裸足で」、bras ballants「腕をだらりと垂らして」、tête nue「無帽で」、
bouche bée「口をあんぐりと開けて」のように定型化していてよく用いら
れるものは無冠詞で使われます。

　おもしろいことに 5) 6) 7) とは異なり、この用法は体の一部だけでな
く衣服・帽子など身に付けるものにも使えます。

17) **Il se promenait *chapeau sur la tête*.**　彼は帽子をかぶって歩いていた。

18) **Il a monté l'escalier *la canne à la main*.**　彼は杖を手に階段を上った。

　このことから 5) 6) 7) とはいささか異なるメカニズムに基づいた構文だ
と考えられます。

　Je lui ai sauté au cou.「私は彼の首に飛びついた」のような文に出会う
と、「ああ、フランス語だなあ」と強く感じますが、それは「世界の捉え
方」が日本語とちがうからです。このように構文は単なる文法的な単位で
はなく、その言語を話している人たちの「世界の捉え方」を表すものです。

7課 「背中がかゆい」は何という？

― 感覚・感情の表現

▪▪▪▪▪▪▪▪▪▪▪▪▪▪▪▪▪▪▪▪▪▪▪▪▪▪▪▪▪▪

問題 （　　）の動詞を使って次の文をフランス語にしてみましょう。

1）足が痛い（**avoir mal**）。

2）それには驚いた（**étonner**）。

3）目がひりひりする（**cuire**）。

　答は 1）J'ai mal au pied. 2）Ça m'a étonné. 3）Les yeux me cuisent. と
なります。これで全部ではありませんが、フランス語で感覚・感情を表す
表現方法の 3 つの代表的なパターンになっています。

　感覚・感情の表現が文法の問題になるのは次のような理由によります。
たとえば私がコーヒーを飲むとします。そしてコーヒーがおいしいと感じ
たら、Ce café est bon.「このコーヒーはおいしい」と表現することができ
ます。このとき「おいしい」（être bon）という属性は私にとって客体で
あるコーヒーに帰属するものです。もし判断主体を前に出したければ、Je
trouve ce café bon.「私はこのコーヒーはおいしいと思う」と表現するこ
ともできますが、この場合も「おいしい」という属性は客体としてのコー
ヒーの属性であることに変わりはありません。

　ところが「痛い」や「うれしい」などの感覚・感情の場合、「痛み」や
「うれしさ」はコーヒーのおいしさのように客体に帰属させられる属性で
はありません。私の内部に感じられる感覚です。痛みを感じる知覚主体で
ある「私」と、私の内部に感じられる痛みとを分離するのがむずかしいの
です。この章の 2 課（p.140）で述べたように、フランス語の文構造の基本
的意味パターンは［actor ― action］で、これは「私が車を洗う」のように
actor が外部の客体に働きかける構造になっています。このため［actor ―
action］パターンを主客を分離しがたい感覚・感情表現に適用すると、い

ろいろ問題が出てくるのです。

　ではフランス語が選択した方法は何かというと、その一つ目は冒頭の問題 1）J'ai mal au pied.「私は足が痛い」のように、[actor — action]パターンの actor に知覚主体を置いた表現です。ただし数はあまり多くありません。sentir という動詞を使って Je sens une douleur aiguë dans le bras.「私は腕に鋭い痛みを感じる」と言えますが、これは事態を客観的に述べたもので、ほんとうの感覚表現ではないでしょう。

　二つ目のやり方は、問題 2）Ça m'a étonné.「それには驚いた」のように、感覚の原因を actor に置き、知覚主体を目的格に置いた表現です。直訳すると、「それは私を驚かせた」となり翻訳調を免れません。この構文を取る動詞はたくさんあります。4）は知覚主体が直接目的格、5）は間接目的格に置かれています。

4）Ça m'a { surpris / ému / réjoui / attristé / ennuyé / inquiété / choqué}.

それには {驚いた / 感動した / うれしかった / 悲しかった / 困った / 心配させられた / ショックを受けた }。

5）Ça me { plaît / déplaît / répugne }.

それは {気に入った / 気に入らない / いやだ }。

　このうち Ça m'étonne.「まさか」などは定型表現となっています。感覚の原因を特定して、たとえば誰かが暗いところから現れて驚いたときなどに Vous m'avez surpris.「（直訳）あなたは私を驚かせた」と言うこともできます。[actor — action]パターンに忠実に他動的事態として表現しています。感覚の原因を特定せずに、漠然と何かをさす指示代名詞 ça を用いた表現は、actor を消去した非人称表現により近いと言えるでしょう。

　この章の 3 課（p.144）で動詞の自他の区別を取り上げましたが、感覚・感情表現にも自他の区別が取り入れられています。次のペアがそうです。

6）a. Ça m'a étonné.　　それには驚いた。

　　b. Je me suis étonné.　　私は驚いた。

7）a. Ça m'a inquiété.　　それには心配されられた。

161

b. Je me suis inquiété. 私は心配した。

8）**a. Ça m'a amusé.** それには楽しまされた。

b. Je me suis amusé. 私は楽しんだ。

a. の étonner、inquiéter、amuser が 他 動 詞 で、s'étonner, s'inquiéter, s'amuser が自動詞的意味を持つ代名動詞ですので、確かに自他のペアとなっています。代名動詞を習ったときに心理や感情を表すものがやけに多いなと感じた人がいるかもしれません。上にあげたもの以外にも、s'intéresser「興味を持つ」、se préoccuper「心配する」、se rappeler「思い出す」、se tourmenter「悩む」、s'ennuyer「退屈する」などまだまだあります。他動詞に se を付けて自動詞化するとき、意味的に actor を消去できることが条件となると言いましたが、感覚・感情動詞はその条件を満たしています。私が悲しいと感じるとき、確かに私の外にその原因を見つけることもできますが、その一方で、有名な歌に「なじかは知らねど心詫びて」という歌詞があるように、悲しいという感情は私の心の中に自然に湧き上がるものとみなすこともできます。このため感覚・感情動詞は se を付けて自動詞化するのに好適な意味タイプとなっていて、代名動詞のなかで大きな一つのジャンルをなしているのです。

　一方、外的刺激によって引き起こされる感覚表現は次のパターンになります。

9）**La fumée me pique les yeux.** 煙で目がちかちかする。

10）**Le col me gratte.** 襟のせいで首がむずかゆい。

11）**Cette soupe me picote la langue.** このスープは舌がひりひりする。

　外的刺激が actor となり知覚主体が目的格に置かれています。おもしろいことに 6）7）8）にあげた心理・感情動詞と異なり、このタイプは se をつけて自動詞化することができません。se piquer は「自分を刺す」、se gratter は「自分の体をかく」という再帰的な意味しかありません。このタイプでは必ず感覚を引き起こす外的刺激が必要で、ひとりでに起きることとは見なしにくいのがその理由だと考えられます。

　フランス語が選択した三つ目の表現パターンは、問題 3）Les yeux me cuisent.「目がひりひりする」です。一つ目の J'ai mal au pied. と二つ目の Ça m'a étonné. は私たちにも比較的わかりやすいのですが、この三つ目のパターンはいちばん馴染みにくいものです。他の例も見てみましょう。

12）La tête me tourne.　頭がふらふらする。

13）Le dos me démange.　背中がかゆい。

14）La langue me brûle.　舌がひりひりする。

　このタイプの特徴は体の一部が actor と見なされていて、それが知覚主体である私に何かをするという図式になっていることです。Les yeux me cuisent. を例に取ると、本来ならば痛みを感じている目は私の身体の一部です。私が痛みを感じているのであり、その痛みが目という身体部位に局所化されているわけです。日本語では「目がひりひりする」のように、知覚主体である「私」はどこにも登場せず、単に目の状態として表現されています。ところがフランス語ではあたかも目が私から切り離されて独立した存在となり、私に痛みを与えている actor であるかのごとく表されています。このような「体の一部が私に何かする」という発想は日本語にはないものです。フランス語で［actor — action］という意味パターンがいかに強固かを思い知らされる構文だと言えるでしょう。

　次のような非人称構文も広い意味で感覚・感情表現の一種と見なすこともできます。

15）Il me semble qu'on s'est trompé de route.　どうも道をまちがえたようだ。

16）Il paraît que Paul va se marier bientôt.

　　　　どうやらポールは近いうちに結婚するようだ。

　「私」が actor の位置に立って積極的に思うのではなく、自然に何かの思いが湧いて来るという表現形式は，知覚主体を目的格に置く感覚・感情表現とよく似ています。［actor—action］を基軸とするフランス語が、ひとりでに起きる事態を表現する一つの方策と言えるでしょう。

句読点をよむ

フランス語の句読法（ponctuation）では、point（ . ）、virgule（ , ）、deux points（ : ）、point-virgule（ ; ）などの記号を使いますが、その正しい使い方を学ぶ機会はあまりありません。point は文の終わりに用い、virgule は主節と従属節の区切りや、主節と挿入句の区切りに用いることは知られているでしょう。ところが deux points と point-virgule のちがいはあまり知る人がなく、どちらも point を用いるほどではない文の区切り程度にしか認識されていないようです。しかしこの二つの記号は根本的に異なるものです。

point-virgule は virgule よりは大きく point よりは小さい、中くらいの区切りを表します。

1)Les nations sont étranges les unes aux autres, comme le sont des êtres de caractères, d'âges, de croyances, de mœurs et de besoins différents. Elles se regardent entre elles curieusement et anxieusement ; sourient ; font la moue ; admirent un détail et l'imitent ; méprisent l'ensemble ; sont mordues de jalousie ou dilatées par le dédain.

（Paul Valéry : *Grandeur et décadence de l'Europe*）

隣の民族は奇妙に見えるものだ。年齢、信仰、風習、欲求が異なる人々が互いを変な奴だと思うのと同じである。民族同士はお互いを好奇心丸出しにして、しかし不安な面持ちで眺める。微笑みかけ、ふくれっ面をし、細かい点に感心して真似をし、でも全体はバカにする。隣の民族がうらやましくてしかたがないかと思えば、軽蔑して尊大に振る舞ったりする。

この文章では主語を省略したいくつもの文が point-virgule で区切って並べられています。point-virgule はこのように中くらいの区切りを表す

ので、いくつも並列することができます。

　一方、deux points は次のような場合に用います。

2）Il a demandé : « Qu'est-ce que je dois faire ? »

　　彼はたずねた。「私は何をすればよいのだろう」

3）Les qualités que la civilisation française prise le plus sont celles que l'on n'acquiert qu'à un âge avancé : la perfection, le goût, l'instinct du connaisseur, et le sens de la réalité.

　　フランス文明では、年齢を重ねてしか身に付けることのできない資質が重んじられる。例えば完璧さ、趣味の良さ、通人の眼力、現実感覚といったものである。

4）La diversité des cultures est rarement apparue aux hommes pour ce qu'elle est : un phénomène naturel résultant des rapports directs ou indirects entre les sociétés.

　　文化の多様性はめったにその本来の姿で認識されることはない。その本来の姿とは、社会と社会の間の直接的・間接的関係から生じる自然現象である。

　2）は直接話法を導く用法で、これはご存じでしょう。重要なのは 3）と 4）です。3）は deux points の直前で述べたことの例を挙げる用法です。強いて deux points を訳せば「例えば」とか「すなわち」となります。図式的に〈 A : B 〉と書くと、B は A の例示になっているわけですから、deux points は A と B の間に区切りがあることを表すどころか、逆に A と B が論理的に密接に関係することを表しています。

　4）は B が A の解説・詳述・展開になっている用法です。つまり A でかんたんに述べたことを B で詳しく解説したり、A で総括的に示したことの内容を例をあげて説明したりする使い方です。4）では A の部分で ce qu'elle est「その本来の姿」とだけ述べていて、中身を明らかにしてい

165

ません。中身がどんなものか明かされるのが B の部分ですので、deux points を訳せば「すなわち」とか「それは」などとなるでしょう。この用法でも〈 A：B 〉の A と B とは論理的に密接に関係しています。

　もうひとつ見ておきましょう。

5) Soudain, Jean arrêta de parler : elle ne l'écoutait pas.

　　突然、ジャンは話すのをやめた。彼女が聴いていないのだ。

　この例では〈 A：B 〉の B が A の理由・原因を表しています。deux points を訳すと、「というのも」「その理由は」などとなります。

　このように deux points は A と B の間に論理的に密接な関係があることを表すので、〈 A：B 〉全体でひとつのまとまりを形成します。このため、〈 A：B：C 〉のように deux points をいくつも並列して使うことができません。この点も単なる文の中くらいの区切りを表す point-virgule との大きなちがいです。

　最後に virgule（ , ）が文の意味に大きく影響する例をあげておきましょう。

6) Marie ne l'épouse pas, parce qu'il est riche.

7) Marie ne l'épouse pas parce qu'il est riche.

6) は「マリーは彼とは結婚しない。なぜなら彼が金持ちだからだ」という意味で、マリーが金持ちを嫌っていることになります。ところが 7) は「マリーが彼と結婚するのは彼が金持ちだからではない」という意味です。この場合、ne ... pas による否定は動詞の épouse ではなく、parce que の節にかかります。ふたつの文の間に区切りがあるかないかで否定の解釈が異なる例です。ただし句読点の使い方には個人差があり、いつでもこうなるとは限らないことには注意してください。

　私はよく「句読点をよむ」という言い方をするのですが、フランス語の文を正しく理解するには句読点にも注意を払う必要があります。

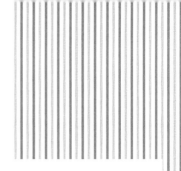

6 章
現実ではない世界をあらわす：条件法と接続法

法（mode）を持たない日本語を話す私たちにとって、直説法・条件法・接続法のそれぞれが表す意味のちがいはとてもわかりにくいものです。法とは、文の内容の現実性についての話し手の判断を表すものだとされていますが、このような定義を聞いてもピンと来ないでしょう。この章では、直説法は現実モード、条件法は空想モード、接続法は思考モードとみなして、私たちがテレビのチャンネルを切り替えるように、法によってモード切り替えを行なう様子を、できるだけ具体例に則して見ていきたいと思います。そのなかでなぜ接続法が意味的に透明で特に訳す必要がないのに、条件法は訳す場合に気をつけなくてはならないかがわかるでしょう。

1課　現実モード、空想モード、思考モード

— 法（mode）とは何か

||||||||||||||||||||||||||||

問題　（　　）の不定形を適切な法にしてみましょう。

1）Tout le monde sait que la mondialisation（être）inéluctable.

グローバリゼーションが不可避であることはみんな知っている。

2）Je（prendre）des vacances plus longues, si je pouvais.

できればもう少し長く休暇を取りたいところなんだが。

3）Je voudrais que tu（faire）plus attention quand tu es au volant.

ハンドルを握っているときはもっと注意してもらいたいものだ。

　　正解は 1）直説法の est、2）条件法の prendrais、3）接続法の fasses です。フランス語文法のなかで法（mode）はいちばんわかりにくいものの一つです。日本語の動詞に法というカテゴリーがないことがその大きな原因ですが、それだけではありません。法が話し手の心的態度を表すという点もわかりにくさに拍車をかけています。

　　法を手短かに定義すると、「文の命題内容の真偽についての話し手の態度」を表していると表現できるでしょう。例をあげて説明しましょう。Jacques vient.「ジャックが来る」という文を例に考えますが、この文の命題内容を図式的に P＝［Jacques-venir］と表しておきます。「ジャックが来ること」と理解してください。次にプレステなどのゲーム機のように、どのモードでゲームするかを選ぶボタンが三つあると考えてください。ボタン 1 は直説法、ボタン 2 は条件法、ボタン 3 は接続法です。ほんとうはもう一つ命令法がありますが、これは問題が少ないので省略します。

　　まずボタン 1 の直説法は現実モードで、P＝［Jacques-venir］が現実に起きることを表しています。過去なら Jacques est venu.「ジャックが来た」、未来なら Jacques viendra.「ジャックが来るだろう」となり、すでに起き

たかこれから起きるかには関係なく、P が現実であることを表します。事実を報道する TV ニュース型と言ってもいいでしょう。直説法で Je paie mille yen.「私は千円払います」と言うと、実際に財布が軽くなります。

　ボタン 2 の条件法は、「もし恐竜が絶滅していなかったら」と空想する SF 映画型と呼んでおきましょう。条件法は「もし…だったら」という条件のもとで展開される空想の世界を表します。空想ですから現実ではありません。このとき P＝［Jacques-venir］は現実世界でではなく、「もし…だったら」という仮定のもとにある別の世界で成り立ちます。

4）Jacques *viendrait* s'il { avait du temps / était au Japon }.

　　もし { 時間があれば / 日本にいたら } ジャックは来るところなんだが。

　現実にはジャックは時間がなかったり日本にいなくて、今日のパーティーに来られないのです。でも「もし時間があったら」とか「もし日本にいたら」という空想をたくましくして、もしそうだったらジャックは来ているところだと表現するのが条件法の世界です。条件法で Je *payerais* mille yen si j'avais mon portefeuille sur moi.「もし財布を持っていたら千円払うところなんだが」と言っても、空想モードですから財布は軽くはなりません。

　最後にボタン 3 の接続法は、直説法のような現実モードでも条件法のような空想モードでもなく、頭で考えただけのことを表す思考モードです。

5）Il faut absolument que Jacques *vienne*.

　　　ジャックはぜひとも来なくてはならない。

　P＝［Jacques-venir］は現実世界で成り立つわけではなく、「もし…だったら」という別の世界で成り立つわけでもありません。話し手は「P でなくてはならない」と必要性を述べているだけで、P はいかなる世界においても成立していません。

6）Nous arriverons au village avant qu'il ne *fasse* nuit.

　　私たちは夜になる前に村に着くだろう。

　この例も同じで P＝［faire-nuit］は現実でも空想でもなく、まだ頭の中にしかなく、「P より前には」と言っているにすぎません。接続法で Jean

voudrait que je *paie* mille yen.「ジャンは私に千円払ってもらいたがって
いる」と言っても私の財布は軽くなりませんが、それは「私が千円払う」
はジャンの頭のなかでしか成立しないからです。

　これが直説法・条件法・接続法という三つのモードの基本的意味です
が、いくつか注意することがあります。

7）Je pense que Jacques *vient*.　私はジャックが来ると思う。

　vient は直説法ですが、Je pense que「私は…と思う」の従属節のなかに
あるので、「私が頭で考えたこと」だから接続法になってしかるべきでは
ないかという疑問があるでしょう。しかしそうではなく、Je pense que は
「私が従属節の内容が現実だと考えている」という意味なので、従属節の
内容は現実モードで直説法になります。いささか逆説的ではありますが、
「思う」とか「考える」とか口に出してはっきり言うと直説法なのです。

8）Je souhaite que Jacques *vienne*.　私はジャックに来てもらいたい。

　penser と異なり souhaiter は願望を表しますので、8）では思考モードで
接続法になります。

　次に主節が「うれしい」「悲しい」といった感情を表すとき、従属節は
接続法になると教わります。

9）Je suis heureux que Jacques *soit* avec nous.
　　　私はジャックが私たちといてくれてうれしい。

10）Je regrette que la ville *ait décidé* de démolir cette construction.
　　　町がこの建物の取り壊しを決めたのは残念なことだ。

　しかしこのとき 9）の P＝［Jacques-être-avec-nous］と 10）の P＝［la-ville-
décider-de-démolir-cette-construction］は現実に起きたことです。だったら
直説法になるはずで、接続法になるのはおかしくないでしょうか。

　この接続法の使い方は次のように説明できます。9）を「P でうれしい」、
10）を「P なのは残念だ」と表記します。9）10）の文が相手に伝えたいポ
イントは P ではなく、「うれしい」「悲しい」という主観的感情です。9）は
P＝「ジャックが私たちといてくれる」という事態が現実に起きたことを伝え

る文ではありません。もしそうならば現実モードである直説法が用いられる
はずです。9）はPという事態を受けて、「それがうれしい」という点に意味
の重点があります。このときPはいわば「うれしい」という主観的感情の
源としての位置しか占めていないため、思考モードの接続法になるのです。

　先に直説法で Je paie mille yen.「私は千円払います」と言うと実際に財
布が軽くなるが、条件法と接続法で言っても財布は軽くならないと述べま
した。軽くならない理由は条件法と接続法とではちがっていて、条件法で
は現実以外の他の空想世界で千円払うからで、接続法ではそもそも考えた
だけで払っていないからです。しかしこのちがいはわかりにくいかも知れ
ません。「もし…だったら」という仮定の世界を想定する条件法も、頭の
中で妄想しているという点では思考モードの接続法と変わらないのではな
いかとも感じられるからです。これはフランス語の条件法と接続法に当た
るものをひっくるめて仮定法と呼ぶ英語の見方でもあります。

　確かに「現実から遊離している」という点において、条件法と接続法に
は似たところがあるのは事実です。このため次の文ではどちらを使っても
同じ意味になります。

11）Je cherche quelqu'un qui {*partage* / *partagerait*} cet appartement.
　　　私はこのアパルトマンのルームメイトになってくれる人を探している。

　また文章語では接続法大過去を条件法過去の代わりに使う条件法過去第
2形と呼ばれる用法がありますが、これも条件法と接続法の共通点に基づ
くものでしょう。

12）Sans l'aide de son oncle, Jean {*aurait fait* / *eût fait*} faillite.
　　　叔父の援助がなければ、ジャンは破産していただろう。

　ただし、読解や翻訳では条件法と接続法はまったく異なります。接続法
は意味的に透明な法なので、接続法だと気づかずに訳しても問題ありませ
ん。しかしたとえば Sans elle, il mourrait.「彼女なしでは彼は死んでしま
うだろう」の条件法 mourrait は実際には死んでいないことを意味してい
るので、気づかずに訳すとまったく意味を取り違えることにもなります。

2課　こうありえたかもしれない世界
— 条件法の世界

▮▮▮▮▮▮▮▮▮▮▮▮▮▮▮▮▮▮▮▮▮

問題　仮定を含む次の二つの文をフランス語にしてみましょう。

1）もし明日晴れたらピクニックに行きましょう。

2）もし私が君だったらこんな仕事はしないね。

答は次のようになります。

3）S'il *fait* beau demain, nous *irons* pique-niquer.　［= 1）］

4）Si j'*étais* toi, je ne *ferais* pas un travail pareil.　［= 2）］

　3）では si 節が直説法現在、主節が直説法単純未来で、4）では si 節が直説法半過去、主節が条件法現在です。同じ「もし」という仮定を持つ文でどうして使われる法がちがうのでしょうか。

　1）の「明日晴れる」は未来のことでまだ未確定ですが、気象条件しだいで十分に起こりうることです。主節の nous irons は晴れるという条件が満たされたときにすることを表しています。si 節の条件も主節の内容も起こりうることですから、現実モードの直説法を用います。

　これにたいして 2）の「もし私が君だったら」という仮定は、現実には起きないことです。ですからここは空想を膨らませて SF モードの条件法の世界に入ることになります。しかし 4）の si 節が半過去になるのはなぜなのでしょうか。半過去は直説法ですから現実モードではないのでしょうか。

　仮定節と条件法の組み合わせは次のようになると習ったはずです。

5）si + 半過去 → 条件法現在

　Si j'*avais* de l'argent, j'*achèterais* une voiture neuve.

　　もしお金があったら新車を買うところなんだが。

6）si + 大過去 → 条件法過去

Si j'avais eu de l'argent, j'aurais acheté une voiture neuve.

もしお金があったら新車を買ったところなんだが。

ここで 3 章 1 課（p.73）で示した時制の全体像を思い出してみましょう。

条件法現在はこの図では過去未来、条件法過去は過去前未来として示されています。これを見ると 5) 6) で登場した半過去＋条件法現在、大過去＋条件法過去という組み合わせは、全部 zone 2 に属する時制であることがわかります。つまり非現実の想定に基づく SF モードである条件法の世界は、とりもなおさず zone 2 の世界だということです。これはどういうメカニズムに基づいているのでしょうか。

まず条件法が二つの顔を持っていることを確認しておきましょう。

7) Paul m'a dit qu'il *irait* à Tokyo le lendemain.

ポールは翌日東京に行くと私に言った。

8) S'il faisait beau, j'*irais* à la mer.

天気がよかったら海に行くところなんだが。

7) は過去未来の用法で zone 2 に属する純然たる直説法の時制です。8) は条件法としての用法で、時制ではなく法として振る舞います。

上の図の zone 1 は発話時現在 t_0 に視点を置いて物事を眺める世界で、zone 2 は過去のある時点 t_1 に視点を置いて眺める世界です。話し手は zone 1 から zone 2 に移動するとき、過去の世界に身も心もワープします。過去の世界というのはあり得た世界の一つであり、それは「もし恐竜が絶滅していなかったら」という世界（可能世界と言います）と本質的に変わ

るところではありません。ですから過去の世界にワープするのと、恐竜が絶滅していない可能世界にワープするのは同じことと見なすことができます。zone 2 は「私が今いるこの世界」（= zone 1）ではない所と考えればよいのです。こう考えれば zone 2 の時制が直説法における過去だけでなく、条件法における非現実の表現に用いられることも理解できるでしょう。

　ここでもう一度冒頭の問題に戻ると、1）を訳した 3）は直説法現在と単純未来を使っていて、zone 1 に完全に帰属する世界であることがわかります。この文は「私が今いるこの世界」の話をしているのです。一方、2）を訳した 4）では半過去と条件法現在が用いられており、すっぽりと zone 2 に属していることが確認できます。こちらは「私が今いるこの世界ではない世界」の話をしているのです。

　このように考えると次の半過去の用法も理解することができます。

9）Un peu de persévérance, et il _était_ professeur à la Sorbonne.

　　　　もう少しがんばっていたら、彼はソルボンヌの教授になれたのに。

　過去の非現実を述べているので、il aurait été ... と条件法過去を使うべきところですが、代わりに半過去も使えます。この用法は多くの文法家の頭を悩ませてきましたが、次のように説明できるでしょう。時制の法的用法の基本は zone 1 =「私が今いるこの世界」（= 現実）、zone 2=「私が今いるのではない世界」（= 非現実）です。zone 1 に視点を置いて zone 2 を眺めると、そこには「こうありえたかもしれない世界」が広がって見えます。9）の半過去 était は zone 2 に属する時制なので、9）は「こうありえたかもしれない世界」で成り立つことを述べています。これは条件法 il aurait été が表す意味と同じものです。ただしこの解釈が導かれるためには、Un peu de persévérance「もう少しがんばっていたら」のように非現実の扉を開く表現が必要です。もしこれがないと Il était professeur à la Sorbonne. は、「彼はソルボンヌの教授だった」という現実の過去の事実になってしまいます。

　このように半過去にも実は時制用法と法的用法の二つの顔があります。

174

これで冒頭の 4) Si j'étais toi, je ne ferais pas un travail pareil.「もし私が君だったらこんな仕事はしないね」の条件節で半過去が用いられる理由がわかります。半過去は si と組み合わせて用いることで、「こうありえたかもしれない世界」としての zone 2 の扉を開く働きをしていたのです。

そうすると次に考えられのは、zone 2 にもう一つ残っている大過去にも法的用法があるのではないかということです。そのとおりです。『新フランス文法事典』には次の例文がちゃんとありました。

10) Sans votre intervention, je *m'étais ruiné*.

　　　あなたが仲に入ってくださらなかったら、私は破産してしまいましたよ。

半過去の法的用法と較べた場合、大過去は「破産してしまっていたところです」のように完了を強調するニュアンスが加わっていますが、基本的なメカニズムは上に説明した半過去と同じです。

話を条件法に戻すと、条件法が「私が今いるのではない世界」を表すという性質は、条件法のさまざまな用法に共通しています。

11) 語気緩和・婉曲

　　Tu *serais* gentil de te serrer un peu.　　もう少しつめてくれないかな。

12) 伝聞・推測

　　Il y *aurait* eu un accident.　　事故が起きたもようだ。

13) 反語・皮肉

　　J'*oublirais* vos gentillesses !　　あなたのご親切を忘れることがあるものですか。

「私が今いるこの世界」のことではないと表現することで、11)〜13)のさまざまな意味が生じるのです。

誰かに「服を着たままプールに飛び込んで」と言われたとしましょう。嫌なら Je n'ose pas.「それはできません」と言って断りますが、このとき Je n'*oserais* pas. と条件法を使うと、「そんなことできるわけありません」と強く拒否することになります。条件法は婉曲を表すとばかり思い込んでいると、やんわり断ったと取りかねません。この用法では文の意味を「私が今いるこの世界」ではない世界に置くことで、不可能性が強調されているのです。

3課　私のコトバと他人のコトバ
— 条件法のもう一つの顔

▌▌▌▌▌▌▌▌▌▌▌▌▌▌▌▌▌▌▌▌▌▌▌▌▌▌

[問題]　次の文を日本語に訳してみましょう。

On dit que le genre humain fait des progrès. Le monde de demain serait meilleur que le monde d'hier.

　一つ目の文は「人類は進歩していると言われている」で特に問題はありません。問題は二つ目の文です。「明日の世界は昨日の世界よりもよい」と訳したら失格です。条件法に置かれた serait の意味が捉えられていません。「（そういう人たちの考えによれば）明日の世界は昨日の世界よりもよいのだそうだ」と訳します。文末は場合に応じて「〜ということになっている」とか、「〜という話だ」などともすることができます。つまり二つ目の文の内容は話し手（この例では書き手）自身の考えではなく、「人類は進歩している」と言っている人たちの考えで、話し手はその考えに賛同していないことを条件法の serait が表しているのです。このような条件法の使い方を「責任回避の条件法」、または「他者のコトバを表す条件法」と呼んでおきましょう。この用法の実例をいくつかあげてみます。

1) **En France au 19ᵉ siècle, le philosophe Auguste Comte a formulé une loi de l'évolution humaine dite de trois états, selon laquelle l'humanité *aurait passé* par deux stades successifs : religieux, puis métaphysique, et *serait* sur le point d'accéder à un troisième état, positif et scientifique.** （Cl. Lévi-Strauss, *L'Anthropologie face aux problèmes du monde moderne*）

　19世紀のフランスの哲学者オーギュスト・コントは、人類が三つの段階を経て進化するという法則を示しました。それによれば、第一の段階は宗教、次いで形而上学、そして彼の時代は第三の実証的かつ科学的段階にあるというのです。（川田順造・渡辺公三

訳『現代世界と人類学』サイマル出版会）

　この例では selon laquelle「それによると」という表現があるのでわかりやすいでしょう。この用法は条件法の伝聞用法と呼ばれることがあります。

2）Selon le journal télévisé, le Président *aurait démissionné*.

テレビのニュースによると、大統領が辞任したという話だ。

　1）で著者のレヴィ＝ストロースはコントの学説を引いて紹介しているのですが、aurait passé と serait の二つの条件法を用いることで、その内容はあくまでコントの考えであり、自分はその説に賛成していないことを示しています。ここでもし直説法を使うと、コントの学説に賛成かどうかに中立的な態度を取っているか、悪くするとコントに賛同しているとも取られかねません。レヴィ＝ストロースはこの本でコントのような人類発展段階説は誤りであることを力説しているので、ここはどうしても条件法でなくてはならないのです。

　次は大規模商店の日曜営業を認めるべきかという論争に関する週刊誌 *L'Express* の記事です。認めるべきでないとする人たちの論拠を列挙し、どれにもたいして根拠がないという論調で書かれています。

3）Les petits commerçants, enfin, relayés par la majorité des hommes politiques. Les grandes surfaces *finiraient*, paraît-il, par les exterminer. On voit mal pourquoi tous ceux qui ont résisté six jours sur sept *périraient* de la prolongation de la concurrence durant quelques heures. Les uns et les autres, évidemment, se soucient de la vie des familles, qu'on imagine éclatées dès lors que « les courses » *remplaceraient* les après-midi télévisés.

最後に小規模商店の問題があり、政治家の大部分は小規模商店の味方をしている。大規模小売店がいずれは小規模商店を消滅させてしまうというわけだ。しかし7日のうち6日の間しぶとく生き残ってきた小規模商店が、たった数時間の競合時間の延長で消滅するとは考えにくい。そして言うまでもなく誰も彼もが家族生活のことを心配している。日曜の午後にみんなでテレビを見る暮らしから買い物に出かける生活に変化すること

177

で、家族の絆が失われるというわけだ。

　一つ目の条件法 finiraient は挿入句 paraît-il の従属節中にあり、paraît-il は「…だそうだ」という伝聞・推測を表していますので、教科書でも説明されている条件法の伝聞用法だと言えます。しかし、二つ目の périraient は paraît-il に相当する表現がない文で使われています。「商売敵の営業時間が数時間延びたからといって、店が潰れるなんて考えにくい」というのがこの記事の筆者の主張で、「商売敵の営業時間が数時間延びたから店が潰れる」というのは筆者のものではなく、日曜営業認可に反対する陣営の主張です。périraient の条件法は筆者がその主張に与していないことを表しています。三つ目の remplaceraient も同じで、「日曜の買い物が一家団欒を破壊する」という意見に筆者が賛成していないことを示しているのです。

　条件法の「他者のコトバを表す」用法の由来はこの章の 2 課（p.172）の議論から明らかでしょう。条件法は zone 2 に属しており、zone 2 は話し手のいる「今ここの世界」ではない別の世界です。話し手が事実だと信じている事柄は zone 1 の時制で表現されます。La plume *est* plus forte que l'épée.「ペンは剣よりも強い」の現在形も、Il *pleuvra* demain.「明日は雨になるだろう」の単純未来形も、話し手が文の内容を信じていることを表しています。一方、zone 2 の時制である条件法は、「今ここの世界」ではない別の世界の事柄を語るので、「他者のコトバ」を表すことができるのです。

　いささか微妙な次の例を見て見ましょう。

4）**Tout poète pourra donc se révéler homme d'esprit quand il lui plaira. Il n'aura rien besoin d'acquérir pour cela ; il *aurait* plutôt à perdre quelque chose. Il lui *suffirait* de laisser ses idées converser entre elles « pour rien, pour le plaisir ». Il n'*aurait* qu'à desserer le double lien qui maintient ses idées en contact avec ses sentiments et son âme en contact avec la vie.** （H.Bergson, *Le rire*）

だから詩人はだれでも望むときに機知の人となってみせることができる。そのためには、なにものかを手に入れる必要はなく、むしろなにものかを失わねばなるまい。ただ自分

の観念を「なんの目的もなく、楽しみのために」相互に会話させておけば、こと足りるであろう。かれは、自分の観念を感情に、自分のたましいを生に接触させている二重のきずなを弛めさえすればよいだろう。（鈴木力衛訳『ベルグソン全集』白水社）

　最初は pourra, aura と単純未来形で始まっていますが、2 行目からaurait と条件法現在に切り替わっています。このモードの切り替えを見逃してはいけません。筆者は「詩人は望むときに機知の人となることができる」までは zone 1 の時制で書いており、実現可能なこととして表現しています。ところが Il *aurait* plutôt à perdre quelque chose.「そのために詩人はむしろ何かを失わなくてはなるまい」からは zone 2 の時制に移行しているのです。この例は「他人のコトバ」とは言えないかもしれませんが、少なくとも筆者がいる今ここの世界で実現可能ではないことを表しているのです。

　zone 2 の時制が「話し手の今ここ」とは別の世界を語ることは、半過去や大過去の次の用法にも共通しています。

5) Si seulement je *pouvais* parler russe !　ロシア語が話せたらなあ。

6) Si seulement je l'*avais rencontrée* plus tôt !
　　彼女にもう少し早く出会っていたらなあ。

7) Elle se comporte comme si elle *était* une châtelaine.
　　彼女はまるで女城主であるかのように振る舞う。

8) Le conférencier a continué comme si rien ne *s'était passé*.
　　講演者はまるで何も起きなかったかのように話を続けた。

　5) 6)は実現不可能な願望を、7) 8)は比喩・類似を表しています。実現不可能な願望とは話し手の今ここではない世界でしか成り立たないことで、比喩・類似も現実から見て平行世界の関係にある別の世界のことです。このような場合に半過去や大過去が用いられるのは、これらの時制が条件法と同じく、「話し手の今ここ」ではない zone 2 に属する時制だからです。このように zone 2 は時間軸上での「過去」を表すと同時に、「別の世界」でもあると言えるでしょう。

4課　まだ見ぬ秘書

― 接続法の世界

||||||||||||||||||||||||||||||||||

問題 　（　　）の不定形を適切な法・時制にしてみましょう。

1) J'ai une secrétaire qui（être）forte en anglais.

私は英語が堪能な秘書を雇っている。

2) Je cherche une secrétaire qui（être）forte en anglais.

私は英語が堪能な秘書を探している。

　正解は 1) 直説法 est、2) 接続法 soit です。1) では実際に秘書を雇っているのですから、現実モードの直説法を用います。ところが 2) では秘書はまだ現実には存在しておらず、「こんな人がいたらいい」と頭の中でイメージしただけにすぎません。ですから思考モードの接続法になります。この章の 1 課（p.168）で直説法は現実モード、条件法は空想モード、接続法は思考モードだという話をしましたが、現実モードと思考モードのちがいは上の問題のような関係節の中で際だちます。

　直説法や条件法と比較した場合の接続法の特徴は、原則として問題 1) 2) のような関係節や、次のような従属節で用いられるという点にあります。

3) J'ai peur qu'elle ne *soit* en retard à l'école.

彼女が学校に遅刻するのではないかと心配だ。

4) Je viendrai à moins qu'il ne *pleuve*.　雨が降らないかぎり私は来ます。

　その理由はなぜかということはあまり説明されることがありませんが、接続法が思考モードであることを考えればわかるでしょう。接続法を用いた文は話し手の思考であり、現実に根ざしていませんので、主節として表現することはできず、その内容が思考モードであることを表す avoir peur「心配だ」、souhaiter「願う」などの主節動詞に先立たれなくてはなりません。図式的に書くと J'ai peur［elle ne soit en retard à l'école］となり、

［　］の中身が話し手の思考モードですが、その中身は J'ai peur「心配だ」という外側がなければ思考モードとして成立しません。ですから接続法は関係節や従属節で用いられるのです。

　ただし例外的なケースがいくつかあります。

5）*Soit* un triangle ABC.　三角形 ABC があるとする。

　一つ目は数学用語で「…があるとする」のように仮定を述べる場合です。数学の論証は典型的な思考モードで、現実世界ではなく思考世界に仮定を置くという意味で用いられています。ちなみに 5）では主語と動詞が倒置され、主語が動詞の右側に来ていますが、5 章 5 課（p.152）で説明したように、主語が不定名詞句で文が存在を表しているため、この語順になります。

6）Que la force *soit* avec toi.　理力があなたとともにありますように。

　映画『スター・ウォーズ』のせりふで、願望・祈願を表しています。文頭の que は祈願の que（*que* optatif）と呼ばれていますがこの起源は明らかで、もともとは（Je souhaite）que la force soit avec toi. だったのが、（Je souhaite）が省略されて que 以下が残ったものです。ですから主節はありませんが、本来は従属節なので接続法本来の用法と見なすことができます。この用法がさらに定型化すると、Vive le roi !「王様万歳」（vive は vivre の接続法現在）とか、Ainsi soit-il.「アーメン」のように que なしの用法になります。

　接続法がちらりと顔を出すもう一つの場合は命令法です。命令法はふつうは直説法現在の活用形をそのまま用いますが、être, avoir, savoir, vouloir は特殊な活用形になると習います。

7）*Soyez* tranquille.　落ち着いてください。

8）N'*ayez* pas peur.　怖がらないでください。

soyez と ayez が接続法の活用形であることに気づいた人もいるでしょう。命令形は「P であれ」と命じるのですから、P は現実ではなく頭で考えた事態になります。ここに命令法と接続法の接点があるのです。

　このように接続法は「思考モード」であるとする説明でほとんどの用法

を理解することができますが、難問が一つ残っています。

9）Jean ne me prête pas sa voiture bien qu'il me l'*ait promis*.

ジャンは約束したにもかかわらず車を貸してくれない。

10）Si populaire que *soit* le Premier ministre, le gouvernement ne pourra pas faire ce qu'il veut.

首相がいかに人気があるとはいえ、政府は好きなようにはできまい。

9）の bien que や 10）の〈si ＋形容詞＋ que〉は、「…にもかかわらず」とか「いかに…であろうとも」という意味を表す逆接・譲歩表現で、必ず接続法が用いられます。ところが9）の「ジャンは私に約束した」や10）の「首相に人気がある」は事実であり、現実に起きていることです。それならどうして現実モードである直説法ではなく接続法が使われるのでしょうか。

次の例を手がかりにしてこの問題を考えてみましょう。

11）Je te suivrai où que tu *ailles*.　君がどこに行こうとも私はついて行く。

この文を英語で言うと、I'll follow you whereever you may go. となります。whereever に含まれている ever は、Have you ever been to China?「あなたは中国に行ったことがありますか」のように使います。この文は、現在までの時間をしらみつぶしに調べて、「中国に行く」が成り立つことはあるかとたずねているのであり、ever が表しているのは「現在までの時間をしらみつぶしに調べる」ことだと考えられます。ever の否定形は never で、I've never been to China.「私は中国に行ったことがない」では、やはり現在までの時間をしらみつぶしに調べて、「中国に行く」が成り立つことは一度もないと述べているのです。この「しらみつぶしに調べる」ことをスキャニング（走査）と呼んでおきましょう。11）の où que tu ailles でも同じように、君の行くところをしらみつぶしに想定し、そのどこにでも着いて行くと述べています。ただし君の行く場所に実際に足を運んでいるわけではなく、頭の中で考えているにすぎません。ここで話し手のいる現実世界を W_0 とし、頭の中で考えた「君が青森に行く世界」を W_1、「君が沖縄に行く世界」を W_2、「君がベトナムに行く世界」を W_3 と

します。これらの W_x はあり得る世界、つまり**可能世界**（monde possible）を表しています。話し手が行なうスキャニング操作はこの W_x を対象として行われます。図に描くと右のようになるで

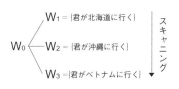

しょう。W_x は現実ではなく頭の中で考えたものなので、思考モードの接続法が用いられるのです。

　10) の譲歩表現もほぼ同じように理解できます。si は程度を表す副詞なので、ここでは「大統領の人気の程度」をスキャニングしていると考えることができます。低い程度から高い程度まである人気のものさしの上で、「それがどの程度のものであろうとも」というのがこの譲歩表現の意味です。この場合も思考モードでスキャニングを行なうために接続法が要請されるのだと考えられます。

　では 9) の逆接表現はどうでしょう。ここでは**慣性世界**（monde inerte）という考え方で説明してみましょう。私たちはある出来事 E1 が別の出来事 E2 を引き起こすということを知っています。たとえばコップを倒すと中身がこぼれますし、代金を払わずに商品を持ち出すと捕まります。物理学で言う慣性とは、ある物体が速度 v_1 で動いているとき、外力を加えなければ物体は速度と方向を維持するという法則です。これを拡張して、手を加えない限り世界はある一定の方向に進むと考えてみましょう。出来事 E1 が別の出来事 E2 を引き起こすという関係を E1 → E2 と表すと、9)では E1=「車を貸すと約束した」→ E2 =「車を貸してくれた」が慣性世界の出来事の流れ、つまり順接関係になります。ところが実際には約束したにもかかわらず車を貸してくれなかったのですから、E1 → E2 の慣性世界が壊れてしまいます。E2 は現実世界 W_0 で起きているので、その源である E1 の方が可能世界 W_1 に追いやられることで慣性世界のねじれを表現していると考えることができます。ここに逆接表現で接続法が用いられる根拠があると言えるでしょう。

索引

数字は各項目が取り上げられている章と課を表す。例えば、1-3 は 1 章 3 課。

185

本書は、2011 年に小社より刊行された『中級フランス語 あらわす文法』の新装版です。

著者略歴
東郷雄二（とうごう ゆうじ）
1951 年生まれ。京都大学名誉教授。京都大学大学院文学研究科博士課程中途退学、パリ第 4 大学言語学博士。専門は言語学・フランス語学。
主要編書・著書
『ロワイヤル仏和中辞典』『プチ・ロワイヤル仏和辞典』（ともに旺文社、共編）、『フランス語とはどういう言語か』（駿河台出版社、共著）、『フランス語学研究の現在』（白水社、共著）、『ニューエクスプレスプラス フランス語』『フランス文法総まとめ』『フランス文法総まとめ問題集』（以上、白水社）。

中級フランス語 あらわす文法 ［新装版］

2023 年 12 月 10 日　印刷
2024 年 1 月 5 日　発行

著　者 © 東　郷　雄　二
発行者　　岩　堀　雅　己
印刷所　　株式会社精興社

〒101-0052 東京都千代田区神田小川町 3 の 24
発行所　　電話 03-3291-7811（営業部）, 7821（編集部）　株式会社白水社
www.hakusuisha.co.jp
乱丁・落丁本は送料小社負担にてお取り替えいたします。

振替　00190-5-33228　　Printed in Japan　　加瀬製本

ISBN978-4-560-08996-5

東郷雄二 著
中級フランス語　あらわす文法 ［新装版］
無味乾燥にみえる文法の中に隠れた「しくみ」をみつけ，フランス
語らしい表現を自分のものにしましょう．　　◎四六判　187頁

曽我祐典 著
中級フランス語　つたえる文法 ［新装版］
ことばづかいの陰に文法あり．フランス語で自分の意思をうま
く伝える感覚を磨いていきます．　　　　　◎四六判　183頁

西村牧夫 著
中級フランス語　よみとく文法 ［新装版］
文法の謎をとき，見逃しがちなポイントを示しながら，相手の
意図を正しくよみとく力をつちかいます．　　◎四六判　195頁

井元秀剛 著
中級フランス語　時制の謎を解く
なぜこんなに時制の種類が多いのか．フランス語話者はどう使
い分けているのか．英語や日本語と比較しつつ，時制のしくみ
をつかむ．　　　　　　　　　　　　　　　◎四六判　181頁

渡邊淳也 著
中級フランス語　叙法の謎を解く
叙法とは，直説法・条件法・接続法・命令法などの「述べかた」
のこと．「述べかた」が変わると，なにが変わるのか．
　　　　　　　　　　　　　　　　　　　　◎四六判　181頁

小田涼 著
中級フランス語　冠詞の謎を解く
上級者になっても難しい「冠詞」．フランス語話者は不定冠詞
と定冠詞をどのように使いわけているのか．冠詞の正体を探る
謎解きの旅．　　　　　　　　　　　　　　◎四六判　190頁